拒絕吧，沒什麼好怕！

不用忍耐，也不會傷害到別人的「無敵拒絕法」！

石原加受子（いしはら・かずこ）——著

「また断れなかった…」がなくなる本

前言

世界上真的有不用忍耐、不傷害別人的「無敵拒絕法」！

害怕和人溝通，害怕受傷，也不想傷害別人……這些恐懼越強烈，碰到不想做的事情我們就越容易勉強自己忍耐。

可是一直壓抑自己的感受，會導致我們越來越不喜歡與人互動，阻礙我們的人際關係。

這種時候大家都會責怪自己，可是究其原因，「不敢拒絕」、或是「不敢拜託別人幫忙」的心態，說不定才是問題的核心。

很多人都以為，一旦拒絕對方，就會導致這段關係惡化。

相反地，在需要拜託別人幫忙的時候，我們卻因為害怕遭到拒絕而受

傷，因此不斷忍耐。

如果你也一樣「害怕受傷」，那中間或許有一些誤解。拒絕別人、拜託別人的時候之所以會發生問題，只是因為你還沒有學會必要的說話方式和技巧而已。

尤其在職場上，很多人都覺得「不可以拒絕上司的要求」，「拒絕客戶的要求太失禮了」。假如你也有這種想法，在職場上要說「不」對你來說一定相當困難，可是這其實也是一種誤解。或許在職場上壓抑久了，我們在家庭當中反而不懂得「拜託」家人幫忙，而是單方面要求家人顧慮我們的感受。

其實，你之所以「不敢說、不敢拒絕、不敢拜託」，都是因為沒有把「自己」的感受當成判斷標準。

要減輕這方面的恐懼，把「我想做／不想做」，或是「我做得到／做不到」當成判斷標準，會容易得多。

我所提倡的「拒絕的心態和訣竅」，具體可以歸納如下：

①不要去想「我能不能勉強自己做到這件事」，要以「我想做／不想做」為判斷標準。

②有人找你幫忙的時候，把事情分成小部分思考。例如「這個部分」我可以幫忙，或是「如果時間配合得來」我可以幫忙。

③即使真的有能力，也要認清自己有時候就是「不想幫忙」。

④允許自己「拒絕」。

⑤一旦決定「拒絕」，就要說清楚、講明白。

⑥瞭解「居中的拒絕方法」、「居中的答應方法」，能使人際關係更加圓融。

重點在於，不要總是想著「別人」，而是把意識集中在「自己」身上。聽我這麼說，現在的你一定半信半疑吧？不過讀完這本書、實際執行看看，你一定也會明白的。

石原加受子

目錄

第一章
為什麼我不敢拒絕別人的要求？
因為你不是以「自己」，而是以「他人」為中心思考。

不敢拒絕的人……不等於好人！ 017
你是不是常常把「你應該～」、「我應該～」掛在心上？ 020
沒辦法好好拒絕，是因為你一直在「忍耐」 022
只追求結果，容易導致人際關係惡化 024
想過得「快樂」，你應該用不會引起摩擦的方法拒絕 028
過程比結果更重要！重視「自身感受」的「自身中心心理學」 030
「自身中心」的相反，是受到輸贏支配的「他人中心」——他人中心的缺點① 032
持續忽視自己的感受，無法解決任何問題——他人中心的缺點② 035
缺乏自己的標準所以跟別人比較，把自己弄得毛躁又不安——他人中心的缺點③ 037
重視自己「想做／不想做」的感受 039

「他人中心」的人，用單方面指示、命令的方式說話 040
雙方都「自身中心」，對話就像傳接球 043
要達成目標，愉快的對話＝過程不可或缺 046

第二章 二話不說就拒絕的人，內心其實也很受傷

遵從外在規則、彼此相爭的人們

同樣說出自己的主張，有人會引起糾紛、有人不會 051
對方的言行舉止，會引起你下意識的反應 053
把「正確與否」當作標準，讓我們開始在意別人 057
強迫別人接受你的「正確」，只會引起糾紛 059
你心裡是否也有「必須遵守的規則」？ 060
擺爛其實也是為了戰勝對方 062
「想戰勝別人」的人，容易落入兩大陷阱 064
反射性接下工作，越做越不開心——A小姐的例子 068

你也想立即給出答案，一秒戰勝對方？ 069
抱持受害者心態，讓我們只說得出攻擊的話，因此只好保持沉默 072
改用「自身中心」的心態，A小姐就能巧妙拒絕對方 074
人本來就是喜歡互助合作、分享喜悅的生物 076
乍看之下越強勢的人，反而越害怕「遭人拒絕而受傷」 079

第三章 先從肯定自己的一切開始吧

當我們不再忍耐，就能夠接納「想拒絕的自己」

你有辦法讓對話雙方都覺得「把話說出口真是太好了」嗎？ 085
即使贏過別人，你也不會因此被愛。所以不敢拒絕，也不敢依賴 087
新冠疫情暴露出的心理問題 089
「不敢拒絕」是大多數問題的元凶！ 092
在職場上越是忍耐，在家就越希望家人察言觀色 095
之所以不敢拒絕，是因為我們沒有接納「拒絕別人」的自己 098

我們拿著「罪惡感」束縛自己、要求對方，因此引發爭吵 100
「承認彼此的自由」真正的意涵 104
為什麼對很多人來說「不帶罪惡感地拒絕別人」這麼難？ 107
「承認自己的自由」和「承認對方的自由」是一體兩面 110
「不侵犯彼此領地」的人，就能一直和睦相處下去 112

第四章 運用順從內心的表達方式，你也可以自在地拒絕、拜託別人

坦然說出自己「真正的感受」就不會受傷，也不會傷害別人

接納自己，就能順從自己的感受表達拒絕 117
我和鄰居因為一棵樹起了糾紛……——B的例子 119
換成「自身中心」的方式，B可以如何看待這件事？ 122
「一旦拒絕，我和對方的關係就會惡化」，真的嗎？ 126
不敢拒絕的人，就是不敢拜託別人幫忙的人 127

不敢拜託、不依靠別人幫忙的人，也一樣害怕受傷 129
為什麼對話無法形成順暢的傳接球，而是「單方面」的指令 132
「說出自己的想法會導致關係惡化」是一種誤解！ 135
當有人拜託你幫忙，你該做的第一件事是「把感受轉化成語言」 137
表達出自己真實的感受，就能逃離「輸贏相爭」的世界 140
「自我表達」，提升你的自我肯定感 142

第五章
如果你覺得「我負不起這種責任……」而不敢答應
那你應該要知道，「接受」和「拒絕」其實是一體兩面

日本人一直都沒有「自我表達」的風氣 147
因為以得失、道義、人情去思考，所以才會迷失自己的感受 149
肯定內心的「恐懼」，它就只會帶來正面效果 151
真的有什麼事情，是「再怎麼忍耐也必須要做」的嗎？ 153
不下指示、不命令，就連小孩子也能好好負起責任 155

之所以單方面發號施令，是因為沒有建立對等關係的自信 158
注意力在自己、還是在對方身上，決定了你的說話方式 160
建立良好關係的「自我完結表達法」 162
「我覺得～」是自我表達的基礎 166
「他人中心」的說話方式不允許對方反駁 168
「自身中心」的表達方式，帶來「表達了自身感受」的喜悅感 170
上司或同事約吃飯，該怎麼拒絕才不會在心裡留下疙瘩？ 173
負擔過大只會造成爭執，所以在「能力所及的範圍內」幫忙就好 175
減輕負擔，巧妙答應別人的請求 177

第六章 再也不優柔寡斷！訓練你的「拒絕力」

掌握這些訣竅，避免做出非黑即白的極端選擇

不聽人說話的人看起來比較「有自信」是一種誤解 183
你是不是也和身邊的人有過這種「互相傷害」的對話？ 186

比較「他人中心對話」和「自身中心對話」，你會發現…… 188
對方不聽我說話又態度強硬，我該怎麼拒絕？① 190
對方不聽我說話又態度強硬，我該怎麼拒絕？② 194
欠缺巧妙拒絕的技能，所以才不願意聽人說話 196
「責任範圍」就是「我的能力範圍」，所以不用害怕 199
你是不是也常常「全部拒絕」，要不然就「全部答應」？ 202
我們本來就沒有指示、命令別人做什麼的權力 204
對話實例一看就懂！如何承認「我的自由」與「對方的自由」 206
勇於選擇「道歉」，強化你的自信心 210
尊重彼此的自由唯一的方法 212
「這樣啊」是你的魔法咒語 214
掌握三大要點，面對攻擊態度的人也不被牽著鼻子走 216
為什麼對話時不要說「可是」比較好？ 219
以能夠「留白」的對話為目標 221

● 第一章 ●

為什麼
我不敢拒絕別人的要求？

因為你不是以「自己」，
而是以「他人」為中心思考。

不敢拒絕的人……不等於好人！

在職場上，面對同事、上司、下屬之間的關係，你是不是也常一邊在心裡埋怨：

「這些人每次都把不想做的工作丟給我！」

一邊心不甘情不願地把事情做完？或是在工作的時候，帶著「被強迫做事」的心情邊做邊罵：

「他每次都叫我幫他做自己分內的工作！」

表面上聽從對方的要求，但你已經在心裡責備對方缺乏常識：

「多少也該站在別人的立場想想看吧……」

甚至生氣地想：

「這人臉皮怎麼這麼厚啊！明明大家都受不了他，他怎麼還有辦法遲鈍到沒發現？」

有時候你下定決心：

「這一次我一定要好好跟他講清楚！」

結果一面對當事人，原本的氣勢就不知道跑哪去了，最後只好垂頭喪氣縮回自己的角落生悶氣。

這樣的我們，在家庭當中又如何呢？由於父母、伴侶、孩子是身邊距離最近的人，我們往往把職場上累積的怨氣發洩到家人身上，用「以牙還牙」的方式還擊家人情緒化的發言，情緒一上頭就吵起來，固執己見不肯退讓。

理智上，我們都明白保持冷靜、好好說話有多重要。可是面對連珠砲般的語言攻勢，我們還是常常反射性地大吼：「你很煩耶！」

除了不敢拒絕別人之外，也有人不敢、或是不願意拜託別人幫忙。

這些人會說：

「和別人合作需要顧慮太多事情了，還是一個人比較輕鬆。」

「我自己來比較快，也比較有效率。」

可是，只要我們還生活在人類社會當中，是不可能完全不依靠別人幫忙的。既然如此，我們為什麼會這麼想呢？

說不定是因為，**我們不擅長應付人際關係的基礎，也就是「拜託別人幫忙、接受別人的請託」這件事；又或者是面對他人的要求無法「拒絕」，在人際關係上過得非常辛苦。**

敏銳的你或許已經注意到了，「不敢拒絕」和「不敢拜託別人幫忙」其實是一體兩面。我們後面會解釋這是為什麼。

你是不是常常把「你應該～」、「我應該～」掛在心上？

仔細回想起來，該怎麼「拒絕別人、拜託別人、答應幫別人的忙」是很多人煩惱的來源，我們在這方面比想像中更加笨拙。

比方說，我們會下意識認為：

- 小孩子應該聽父母的話。
- 妻子應該聽丈夫的話。
- 下屬和後輩應該聽自己的話。

即使覺得「我並不這麼想」，冷靜回想起來，往往也會發現我們下意識表現出了「對方應該服從自己」的態度或舉止。

尤其是在家庭當中，有些人認為做家事和照顧小孩是「妻子的義務」。即使丈夫認為自己並不這麼想，然而積極負擔家事、照顧小孩的丈夫現在仍屬於少數，現實中這類工作多半還是落到了妻子身上。

在現代社會中，雙薪家庭已經理所當然，然而也有妻子由於主要負擔經濟的是丈夫，即使家事和育兒的負擔太過沉重也努力忍耐。

可是，只要妻子一說：

「我打工之後還要做家事、帶小孩很累。」

丈夫也會回：

「我上班也很累啊。」

在職場上也一樣，身為上司或前輩的時候，我們容易覺得輩分較輕的人：

「就是應該默默遵從我的指示。」

面對同事也常常覺得：

「做事就不能再細心一點嗎？就算我不說，也應該主動發現這時候需要幫忙吧。」

沒辦法好好拒絕，是因為你一直在「忍耐」

那麼，為什麼我們會這樣想呢？

一言以蔽之，這是因為我們所有人都在彼此「忍耐」。

辛苦忍耐的人無法接受別人跟自己不一樣，看到有人活得我行我素，一定很想讓他跟自己一樣忍耐。當自己忍得這麼努力，看到別人偷懶，當然無法接受了。

職場上的煩惱之所以引發各種問題，這種「忍耐」是主要原因之一。

- 必須做自己不想做的事。
- 相反的，不能做自己想做的事。
- 無法自由表達自己的想法。
- 不敢拒絕別人的請求，或是不敢拜託別人幫忙。

就像這樣，我們打從一開始就在忍耐。換句話說，我們一直壓抑著自己的感受、需求和願望。

可是，忍耐無法滿足自己的心，因此越忍耐我們越容易這樣想：

「只有我非得這樣忍耐不可，這個社會就是這樣，越認真的人越吃虧。」

「當個老實人，到最後只會吃虧而已。」

「還是狡詐的人最吃香。」

這些想法容易加深憤怒、憎恨、嫉妒等負面情緒，然而就連認為自己吃虧的時候，我們還是一直壓抑自己：

「不可以說出自己的想法，不可以拒絕別人。」

這樣忍耐下去，負面情緒當然會越來越嚴重。

如果我們繼續壓抑這樣的情緒，內心的憤怒不斷累積，最終會累積到不找地方發洩就無法維持自我的程度。

到了最後，這些大量的負面情緒會為了尋找出口而失控，導致人們對素未謀面的人誹謗中傷、群起圍攻，或是營造出「你為什麼跟別人不一樣」

的從眾壓力，這也可以說是現代的一種社會現象了。

而之所以引發這些現象，其實都是因為我們心裡一直逼迫自己「不可以說」、「不可以拒絕」所導致的。

只追求結果，容易導致人際關係惡化

新型冠狀病毒在全球擴散，一夕之間改變了我們所處的環境。在工作上，人們必須減少外出，無法到公司上班，只能臨時以在家上班、遠距工作的模式應付這種突發狀況。

日本從二〇一九年逐漸開始實施工作改革相關法案，在新冠疫情的推波助瀾之下，輿論越來越關注加班時間的上限規定等職場改革議題，遠距上班和在宅工作這些新的辦公型態也逐漸普及，成為了改善工作環境的方法之一。

對於在家上班這種現象的反應，大致可以分為支持與反對兩派。

反對派的人抱怨，先前出外上班不在家的家人現在整天待在家裡。

「我失去獨處的時間，在家覺得壓力越來越大。」

「每天替家人煮飯的次數變多了，連休息的時間都沒有，如果未來這種生活一直持續下去，我真的受不了。」

除了這些不滿和不安的聲音之外，也有人反映：

「光是感受到對方的存在，我就覺得自己一直受到監視，簡直喘不過氣來。」

也有不少人表示「家人更常吵架了」，由於家人之間各持己見，每個人都要求對方配合自己的要求，因此整個家庭一直處於戰爭狀態。

另一方面，雖然新冠疫情仍在持續當中，但那些樂見在家上班的人卻說：

「我開始有時間跟家人好好相處，和家人培養感情。」

「現在不用通勤了，我都拿這些時間來陪伴家人。」

「早上不再那麼忙碌，壓力也減輕了。」

「我開始懂得跟家人一起共度的時間有多重要。」

除此之外，更有人表示：

「遠距工作在一夕之間改變了我的價值觀和人生觀。」

可見這種新的工作型態，也大幅影響了他們未來對生活方式的選擇。

在家工作的支持派和反對派之間，為什麼會產生這麼大的差別呢？

在工作上，讓我們受人肯定的是「結果」。因此比起過程，在過去經驗中一向只重視成果的人，往往更容易把焦點放在結果上，以成果為目標不斷努力，也因成果好壞而患得患失。其中甚至有人會放話說：

「只要工作本身做得出成果就好，過程是怎麼樣都無所謂，我會不擇手段取得理想的成果。」

對於這類「結果主義」的人來說，要他們重視「過程」度過每一天並不會帶來喜悅或滿足感，只會覺得痛苦而已。

然而，經營一個家庭重要的不是結果，而是過程。

「跟孩子一起相處很快樂，我也很高興能和妻子一起過生活。我想珍惜跟家人相處的時間，跟家人在一起讓我更有前進的動力。」

能這麼想的人，是因為把焦點放在「過程」上，在這段時間當中找到滿足感，因為有辦法「積極正面地感受」和家人一起相處的時間，所以才有辦法感覺到幸福。

遠距工作贊成派和反對派在這方面的差異，簡單來說也就是「重視結果」和「重視過程」的差異。

然而這小小的差異，卻導致了這兩種人獲得的「幸福感」也天差地遠。

想過得「快樂」，你應該用不會引起摩擦的方法拒絕

建立重視過程的家庭關係，有些人聽了會覺得：

「什麼嘛，原來這麼簡單呀。」

但當然也有人覺得：

「雖然我也懂得這個道理，但實行起來非常困難。」

舉個例子，假如媽媽對孩子說：

「沒看到媽媽現在這麼忙嗎？不要再玩遊戲了，快點來幫忙收拾！」

假如你是這個孩子，這時你會採取什麼樣的態度、如何回答呢？

如果選擇默默服從媽媽的命令，那你幫忙的時候心裡一定不太服氣。

那麼，如果要拒絕，你會怎麼拒絕呢？

受到母親「命令式」的說話方式刺激，你一定也會用情緒化的方式回話吧。

即使媽媽用情緒化的方式跟你說話，你是否也有辦法不受到這種語氣影響，心平氣和地「拒絕」媽媽的要求？

再舉個例子，假如你是在家遠距工作的丈夫，而太太跟你說：

「你也稍微照顧一下小孩吧，為什麼小孩每次都丟給我顧啊！」

你會怎麼回應呢？

雖然妻子的語氣讓你生氣，但你不想跟她吵架，所以你會忍下來，臭著一張臉照著妻子的話去做嗎？又或者，你會受到妻子的語氣刺激，也用情緒化的方式反擊回去呢？

如果要拒絕，你會怎麼拒絕？

你知道該怎麼拒絕，才不會引起爭端嗎？

過程比結果更重要！
重視「自身感受」的「自身中心心理學」

說到這裡，我們先來聊聊另一個話題。透過長年對心理治療的摸索，我建立了獨創的心理學系統，並將它命名為「自身中心心理學」。

自身中心心理學，以「自身中心」和「他人中心」這兩個相異的概念為基礎。這兩者決定性的差別就如同字面所示，一個是以「自己」為中心，一個是以「別人」為中心的生活方式。

「自身中心」的生活方式，永遠以「自己」為基準。

這裡說的「以自己為基準」，和一般所說的「自私」並不相同，指的是盡可能跟隨著「自己的心情、需求、感受、意志」來生活。

聽到我這樣說，一定有很多人會產生疑問：

「這種事情，真的有可能嗎？」

其實，這就是重視結果和重視過程的差別而已。想法越偏向「他人中心」的人，越容易產生上述的疑問。

採行「自身中心心理學」的人，不會把「我一定要獲得某項成果」當作目標。

這裡說的自身中心，並不像「自私」那樣，不惜傷害別人、奪走別人擁有的東西，也要堅持自己的主張，或是達成自己的目的。

而是一種比起結果更重視「過程」，溫柔對待自己、愛護自己的生活方式。

換句話說，「自身中心心理學」的目標是達成這樣的狀態：

「不傷害自己，溫柔對待自己，無論自己是什麼模樣，『我都愛著我自己』。」

自身中心是，你越珍惜自己，就越能造就更圓融的人際關係，做什麼事情都會更加順利。

其實，以「自身中心」的方式生活，即使不去拚死拚活地追求結果，這樣的心態也會保障事情順利發展。因此，實踐了自身中心的思考方式之後，成果自然而然也會隨之而來。

「自身中心」的相反，是受到輸贏支配的「他人中心」——他人中心的缺點①

相反的，「他人中心」的生活方式，則是凡事都以他人為中心去理解、思考、判斷，然後藉此做出選擇、採取行動。

比起自己，「他人中心」更加重視他人與外在環境，試圖調整自己去配合常識、規範、規則、習慣、習俗這些外在的標準，努力適應它們。

因此，比起自己的心靈、感受、想法，他人中心會以「思考與知識」為優先。斤斤計較、比較輸贏的意識，就是從這種他人中心的想法當中產生出來的。我們之所以拿自己和別人、和周遭去比較，競爭出孰優孰劣、孰強孰弱，也是因為受到這種他人中心的意識所制約的關係。

這種**他人中心的生活方式，最大的壞處就是導致我們逐漸喪失自己的感受和欲求。**

現在是資訊爆炸的時代，比起情緒和感受，我們的社會往往更看重知識和情報。重視成果的風氣，也加強了人們以「他人中心」的心態生活。因此，我們或許很擅長觀察別人、分析別人，但不幸的是，我們在這個過程當中看不見「我自己」。

舉例來說，假設「我和對方」說話的時候，對方說了難聽的話好了。有可能對方說話本來就喜歡冷嘲熱諷，但也有可能是我自己說話傷害到了對方，因而使得對方氣得還擊。

然而，「他人中心」的人眼中只看得見對方的言行舉止，看不見自己做了什麼事。因此他人中心的思考方式不會覺得是自己傷害了對方，而是偏向以「對方傷害了我」來解釋這件事情。

當我們的意識一直集中在對方身上，當然可以清楚看見對方的一舉一動，也全部記在心上。這時候我們只會一味認為「對方的言行傷害了我」而感到生氣，卻沒有辦法察覺自己說的話、做的事情傷害到了對方。

因此，他人中心的人很難察覺自己「現在」的心情、「現在」的感受、「現在」的需求。

這是因為，即使「現在」的自己發生了什麼事，我們還是把所有焦點都放在別人身上，無法注意到自己這一瞬間的變化。

這可以說是「他人中心」最致命的缺點了。

持續忽視自己的感受，無法解決任何問題

——他人中心的缺點②

實際上，他人中心的人經常這麼說：

「我不確定自己有什麼感受。」

「我不知道自己想做什麼。」

「我不知道自己想怎麼做。」

也常常出現本人在腦海中描繪的願望，已經背離現實到不切實際的地步的情況。

如果平常從來不關注自己「現在」的情緒和感受，看不見自己也是理所當然的。

另一方面，由於受到他人和外在環境約束，他人中心的人對於周遭的變化相當敏感。

由於在意別人，他們也會過度受到「不甘心、生氣、憤怒、憎恨」這些針對特定人物的情緒所制約。

然而，因為看不見「自我」，他們不知道該如何緩解這些情緒。

由於從來不關注自己，他人中心的人不僅不懂得該用什麼方法「消除自己內心的疙瘩、滿足自己的心」，甚至無從學習這方面的技巧。

實際上，一定也有人不相信世界上真的有一種表達方式，可以抒發自己的心情、滿足自己的內心需求。

他們抱持著這種無處發洩的心情，要求別人也要跟他們一樣，因此才會做出「找毫不相干的人來洩憤」這種事情。

而且，他們其實下意識在逃避面對自己的內心，因此會選擇躲在保證安全的地方，匿名採取誹謗中傷、集體攻擊等手段傷害對方。

就像這樣，他人中心的人甚至必須依賴他人的存在，才有辦法認知到自己的情緒。

缺乏自己的標準所以跟別人比較，把自己弄得毛躁又不安
——他人中心的缺點③

越是他人中心的人，就越容易把判斷事情的量尺放在外側，因此感知自己「想做什麼」、「不想做什麼」的感測器會越來越弱。再加上他人中心的人一開始就受到義務和強制規定所拘束，因此不認為滿足自己的需求和感受是可以被允許的。

所以，即使內心已經痛苦地吶喊著「我再也撐不下去了」，他們還是會否定這樣的感受，想著：

「即使撐不下去，該做的事還是得做。」

這麼一來，他們會把「自己的願望、需求、感受」擱在後頭，認為「我一定要忍耐」，而且就算想要滿足自己，也會對此產生罪惡感。

這樣以「他人中心」的思考方式生活下去，我們會越來越不明白該以

什麼標準來決定事情，變成一個只依賴外界訊息、沒有人指示下令就無法行動的人。

在這個社會上，絕大多數的人之所以感到惶惶不安、長期焦慮，或是拿自己和他人比較，競爭出輸贏優劣，可以說都是因為這個社會越來越受到「他人中心」的觀念所侵害的關係。

一味配合、遵從外界的標準，我們就無法滿足自己的需求，而每一次這麼做都會產生負面的情緒。

這種負面情緒不斷累積之下，人們越來越痛苦，恨不得把這種情緒發洩到別人身上。當然，這麼做也無法消除這些負面的想法。

只要我們一天無法滿足自己的心，憤怒和憎恨就會不斷增強，這就是激烈的負面情緒背後的真面目。換句話說，強烈的憤怒和憎恨，可以說是「他人中心」的人的註冊商標了。

重視自己「想做／不想做」的感受

我所提倡的「自身中心」，是以「滿足自己的感受與需求」為基礎。

為了達到這個目標，感受到：

「我想這樣做！」

「我不想做這件事！」

諸如此類的需求，當然就是先決條件了。

想或不想做一件事的感受不是由別人所引起，而是你自身感受到的需求和情緒，讓你覺得：

「做這件事的時候我很快樂，一不小心就投入其中。」

「這件事實在太有趣了，一動手就讓我忘記時間的流逝。」

當我們像這樣，把自己內心的需求和感受當作原動力的時候，就會激發滿足感、充實感、幸福感這些正面的感受。

與此同時，即使出現負面的情緒，例如：

「這件事讓我非常痛苦。」

這時候，我們也可以為了滿足自己的感受與需求，決定：

「那我不要再這麼做了。」

當我們為自己做出決定，也會對這個決定產生滿足感，覺得：

「做出這個決定真是太好了。」

「他人中心」的人，用單方面指示、命令的方式說話

意識的基礎是「自身中心」還是「他人中心」，會直接決定我們的言行舉止，背後的原理非常單純。

他人中心的人，意識永遠集中在他人身上。

一直看著對方，自然也會影響到說話時的用字遣詞。

話還沒說出口之前，心裡想的就一直是眼前的「你、你這個人」；回想起不在面前的人，意識也會集中在「那個人如何如何、那傢伙總是如何如何」。

把負面情緒朝向他人，會使得我們對他人抱持否定的態度。一言以蔽之，這時候我們不會覺得對方是盟友，而是把對方當成隨時會傷害自己的「敵人」。

下意識把對方當成敵人，我們會害怕與對方爭執、害怕被討厭，因而覺得：

「我不敢說出自己的感受。」

「我不敢拒絕，不然這段關係會變得很尷尬。」

「還是不要拜託別人了，不然萬一被拒絕我會很受傷。」

就像這樣，形成了「不敢說、不敢拒絕、不敢拜託」的三大現象。

同時，他人中心的人無法以「不引起爭執」的方式說話。

一開口，「他人中心的意識」就自動決定了用字遣詞，因此說出來的總是：

「為什麼你會做出這種事！」

「你到底在幹嘛，就不能認真考慮一下將來嗎？」

「你知不知道自己做了什麼，你根本沒有在反省嘛！」

「那傢伙不管教幾次都學不會，這種態度乾脆辭職回去吃自己啦！」

拒絕的時候，他人中心的人會這麼說：

「憑什麼叫我去做？（這是你的工作吧！）」

「我才沒空。（你看不出來我現在很忙嗎？）」

「我沒辦法啦，你怎麼偏偏挑這種時候找人幫忙啊？」

即使沒有明說，語氣和措辭其實都在責備對方。

找別人幫忙的時候，他人中心的人也不像在拜託對方，而會這麼說：

「(你)記得把這件事做完。」

「(你)馬上去把那個資料準備好。」

「又不是不知道需要哪些東西,(你)做事就不能細心一點嗎!」

就像這樣,一開口都是單方面的指示與命令。

雙方都「自身中心」,對話就像傳接球

另一方面,自身中心的人由於把注意力集中在自己身上,說出來的話自然也會以「我」來開頭。

這個「我」不只是表面上的措辭,而是表示我們根據自己的感受、情緒、需求來做出判斷,因此話還沒說出口、在腦中思考的時候,自身中心的人也是這麼想的:

「我太忙了,今天已經很累了。文件還沒有交出去,雖然這禮拜一定

要把這份文件做完，可是無視自己的身體狀況，做事效率也不會變好。身體狀態會影響精神，忽視身體的需求事後也會造成不良後果，所以今天就先休息半天吧。」

就像這樣，想法也是以「我」為重心。

換作是他人中心的人，即使在這麼疲累的時候思緒也會分散，不斷想著：

「可是我還有工作要做，如果來不及做完怎麼辦？說不定客戶就取消訂單了。」

想著想著，最後就決定：

「所以我還是忍耐一下，現在把它做完。」

乍看之下，這或許是很正當的判斷也說不定。然而，忽視自己的內心狀態做出決定是非常不符效率又不合理的事情，這點我們會在之後的章節慢慢說明。

本書開頭提到家庭互動的時候，我們曾經舉出這樣的例子：

「沒看到媽媽現在這麼忙嗎？不要再玩遊戲了，快點來幫忙收拾！」

「你也稍微照顧一下小孩吧，為什麼小孩每次都丟給我顧啊！」

這時候，如果夫妻雙方都從自身中心的角度出發，對話會變成這個樣子：

「你現在有空嗎？」

「怎麼了？」

「我累了，想睡一下午覺。」

「嗯……（原來是這樣，表示理解的語氣）」

「所以，你可以陪孩子玩個一小時嗎？」

「好啊，那等我先把這件事忙完可以嗎？」

「好呀。」

「大概再三十分鐘就好了，等我一下。」

「太好了，那就拜託你了。」

就像這樣，雙方可以展開一段像傳接球一樣順暢的對話。

要達成目標，愉快的對話＝過程不可或缺

重要的不是結果，而是這樣的對話過程。

或許不是每一次對話都能獲得自己理想中的結果，不過即使如此，自身中心還是以「比起結果更重視過程」的生活方式為目標。

這種溝通過程不會產生心理上的摩擦和爭執。

這樣的對話，才是建立舒適的家庭關係、人際關係最好的方法。

實際上，比起透過負面的溝通方式強迫對方接受自己的主張，採取這種正向的對話，「達成目標的機率」遠遠高出了許多。這是因為**正向的對話**

過程能夠引起別人共鳴，激發人們互助合作、「想要幫助你」的心情。這麼一來，自然能夠達成彼此滿足的共識。

只要掌握幾個要點，你也能夠用這種方式與人溝通。細節我們在後續章節會更仔細地說明。不過，不用說你一定也知道了，最重要的並不是會話能力或任何技能，而是「接納自己」。

第二章

二話不說就拒絕的人，內心其實也很受傷

遵從外在規則、彼此相爭的人們

同樣說出自己的主張，有人會引起糾紛、有人不會

「他人中心的意識」以及「自身中心的意識」，由於兩者的基礎意識正好相反，因此和人說話時也會自動使用相反的措辭。

由於這種意識上的差異，**他人中心重視結果，而自身中心重視過程，因此溝通的目的自然也就有所不同。**

這是非常簡單的道理。

他人中心的人忽視自己的感受、情緒、需求，要求自己配合外界的標準，因此意識也是朝向外側。

說話的時候意識集中在對方身上，自然而然也就決定了我們會使用什麼樣的措辭。

以這種心態說出口的，多半都是「責備、攻擊、要求、命令、強迫、壓制」對方的話。假如我們對別人缺乏好感、善意、信任感這些正面的感

受，當然也就更容易用負面的話語去否定、拒絕別人。

因此一旦意見和對方不同，他人中心的人會固執己見，強迫對方接受自己的主張。在這種時候，重視結果的那種「必須鬥爭、必須贏過對方」的心態也不斷受到強化。

另一方面，自身中心的人則是把自己的感受、情緒、需求當作人生的判斷標準，做出符合自己想法的選擇。比起逼迫別人接受自己的主張，自身中心的目標是盡可能「釋放、滿足自己的情緒，不讓自己不好受」。**在自身中心心理學當中，這個過程我們稱之為「自我表達」**。因此比起結果，自身中心更重視與人互動的過程。

這就是「自身中心」和「他人中心」決定性的差異。

當然，上述所說的都只是理想目標，而不是要求你「絕對要立刻做到」這麼強人所難的事情。

無論如何，我們可以看得出來，內心深處的意識是自身中心還是他人中心，不僅決定了我們的言行舉止有所不同，也會自動地、反射性地決定我們的說話方式。

「一旦說出自己的主張總是惹來糾紛」的他人中心，和「圓滿解決事情，同時與人建立起信賴關係」的自身中心……兩者之間的不同，說是從最初的意識形態就開始決定也不為過。

對方的言行舉止，會引起你下意識的反應

越是他人中心的人，言行舉止就越容易遵從固定的模式，假如一直缺乏自覺，與人相處的時候也會自動反射性地做出選擇。

而這點，對方也是一樣的。

關於溝通方式、表達方法等等的資訊隨處可見，然而即使想參考這些

資料、學習這些技能，想必也有不少人在實際運用到生活當中的時候覺得非常困難。

在腦中思考的時候都能理解，恍然大悟地覺得「啊，原來這樣回應就好了」，回想起過去的經驗，也會覺得「原來如此，當時我只要這麼做就可以了」。

然而，一旦到了付諸實踐的時候卻處處碰壁。

這是因為我們的意識已經形成了固定的模式：「當對方這麼說的時候，我一律這樣回應。」

人際關係永遠是由「我與對方」之間的關係成立的。沒有察覺這一點的人，就更容易在不知不覺間受到對方的言行舉止影響。

當然，反過來說，對方也一樣會下意識受到我們的態度影響。這種相互作用時常造成雙方越說越情緒化，進而引發爭執。

而且，往往在話還沒說出口之前，我們的態度、表情、氣氛就已經開始引發對方的反應了。

舉例來說，假如你擺出畏畏縮縮的態度，對方從你的表情和散發出來的氛圍察覺到這點，一定感到很不愉快。因為對方會覺得被你當成了「可怕的人」、「不想跟這個人待在一起」，感覺就好像自己被你否定了一樣。

某些情況下，當你表現出畏縮的態度，也會挑起對方「想要威嚇你」的反應。即使你覺得：

「我說這句話沒有那個意思啊！」

但假如你曾經在談話當中，覺得對方不知為何出現冷漠、煩躁、生氣的反應，那麼這種「畏縮的態度」說不定就是背後的原因。

如上所述，當我們內心對人感到不信任、猜疑，抱著憤怒、憎恨、嫉妒、競爭意識這些負面的想法，對方都能透過我們的言行舉止看得出來。

即使沒有意識到這點，雙方還是下意識地接收到這些訊息，並做出相應的反應。

「我想表達的意思沒有傳達給對方，導致對方產生誤解。」之所以會發生這種事情，說不定是因為在開口之前，自己心中的想法就透過態度、表情、氛圍表達出來，進而被對方接收到了。

雙方由於這種相互作用，彼此產生影響——這就是我前面所說的「關係性」。

而且，越是緊盯著對方一舉一動的「他人中心」，就越容易反射性對對方的言行舉止做出反應。這麼說起來，我們在把話說出口之前，就已經受到彼此的態度和意識影響，做出各式各樣的反應了。

把「正確與否」當作標準，讓我們開始在意別人

他人中心的人把外界的資訊和事件當作自己人生的判斷基準，因此比起感受和需求，他們更重視情報與知識。面對發生在自己身上的事情，他們往往選擇憑藉思考想辦法解決、找出答案。

也就是說，他們傾向忽視自己內心的想法，倚賴知識和情報去處理問題。對於他人中心的人而言，「正確與否」可說是保護自己的唯一堡壘。最常見的典型例子，就是既有的規定和一般常識，以及所有「必須遵守」的原則。

當我們把這些來自外界的訊息和規定當作判斷標準的時候，就會產生「正確／不正確」的區別。而且這些規則幾乎都不是我們透過親身體驗學習而來，而是因為「大家都這麼說、大家都這樣做，因為這是規定、是傳統、是常識」，所以我們以為自己很站得住腳而已。

即使如此，對於無法跟隨自己的內心行動的人們而言，知識和情報已經是唯一能依靠的線索了。對於自身來說，這就是「正確的事情」，是「必須遵守的規定」。

- 必須遵守學校的規定。
- 必須嚴格遵守公司的決定事項。
- 媒體說的都是對的，所以我們必須照做。

就像這樣，如果把學校、公司、媒體視為「正確」的一方，違反這些規則的就統統都是「不正確」的事情了。

因此，當我們自己安分守己地遵守這些規定，自然也會認為其他人也理當這麼做。

打從一開始，我們就不是因為自己「發自內心想做」所以採取這些行動，而是在不想做的時候也要求自己「必須這麼做」。

當自己百般忍耐，卻看到其他人沒有同樣遵守這些「規定」，當然會覺得「這樣不公平」而感到憤慨、不滿。

這就是他人中心的典型狀況。

強迫別人接受你的「正確」，只會引起糾紛

最近常常看到「從眾壓力」這個詞。

這指的是在社會上、職場上，出現多數意見和少數意見的時候，透過暗示的方式強迫少數派服從多數的現象。即使沒有發生直接的加害行為，還是可以在背後竊竊私語，透過翻白眼、刻意無視等負面的態度、表情、氣氛，對少數方造成精神上的傷害。

寡不敵眾，在人數的壓迫之下，少數的聲音很容易被抹消不見。

就算多數意見才是正確的一方，使用制裁式的方法主張這種「正確」、強迫少數人服從，也稱不上是正確的做法。

高舉著正義的大旗攻擊別人。

吶喊著和平的口號，運用武力對其他國家發動戰爭。

我們之間的絕大多數人都被自己的「正確性」所困住了，用彼此相爭這種「不正確」的方法打擊對手，強迫對方承認自己的正當性。

一旦掉進他人中心的陷阱，我們不會察覺自己做出了什麼事情。只要拿「正確」當藉口，即使猛烈攻擊別人，我們也能正當化自己的行為。

之所以這麼說，是因為我們有所自覺的表層意識，和自己無法察覺的潛意識是不一樣的。真相是，當我們與人相爭，「鬥爭」才是潛意識中真正的目的，「正確性」只是用來攻擊對手的道具而已。

你心裡是否也有「必須遵守的規則」？

他人中心的人，一旦決定了什麼事情，就很容易有它是「不變的鐵則」的錯覺，進而頑固地堅信「一定要遵守它」。

即使是已經訂下的規則，假如許多人因為這個規則而感到痛苦，那麼認為規則本身有問題應該是比較合理的推論吧？然而實際情況，反而是一邊忍受痛苦、一邊遵守這些規定的人比較多。

你屬於哪一種人呢？比方說，你心裡有哪些「應該遵守的規則」？請你試著舉出其中一種。

假如你發現很多人都不理會這項規則，你會怎麼想呢？你會不會也覺得：

「大家都這麼守規矩，不理會規定的人簡直不可原諒！」

新冠疫情之下，呼籲減少外出的情況也是一樣的。為了讓更多人遵守規定，是不是也有人認為「必須更嚴格地宣導」呢？

如果這麼做也沒用，我們是不是也認為「只能嚴加處罰不守規定的人」？

當我們堅持自己的正確性，就會像這樣，開始認為對自己來說不正確的、礙眼的人必須被排除。

即使自己的信念是正確的，如果因此認為為了貫徹這種正確性可以不擇手段，那就是相當危險的想法了。

更何況，像這樣逼迫他人的時候，我們潛意識的目的並不是要讓對方理解這種「正確性」，「攻擊對方」反而才是真正的目的。這種攻擊的目標有時候也會指向毫不相干的人，逐漸發展成「只要可以攻擊，對象是誰都沒關係」的狀況，這就是這種想法最可怕的地方。

擺爛其實也是為了戰勝對方

大多數人都把戰勝別人當作目標，因此方法雖然五花八門，不過具體上都會表現出如下的說話方式與態度：

自大／瞧不起人／傲慢又不聽人說話／蠻橫／大吼大叫／情緒化／酸言酸語

以下這些看似相反的表現，其實也一樣：

畏縮／膽怯／鞠躬哈腰／諂媚／緊張地陪笑

另外，以下這些態度雖然沒有表明要與人鬥爭，目的其實也相同：

賭氣／生氣地鼓起臉頰／明顯的警戒態度／凶狠地瞪人／擺臭臉／嘲諷

至於充滿無力感的態度，例如：

放棄／無精打采

也不見得就不是以戰勝別人為目的。

舉例來說，在親子問題當中，假如孩子無精打采地繭居在家，父母親一定會感到痛心。透過這樣的態度，能夠讓父母感受到強烈的愧疚。

我們所有人都一樣，心中的芥蒂、耿耿於懷的事情，除了透過話語表現之外，也會從我們的態度、表情、氛圍傳達出來。

無論是積極正向、還是消極負面的想法，我們都會在不知不覺中彼此接收、傳達這些訊息，並做出相對的反應。尤其是他人中心的人，由於注意力集中在他人身上，更容易受到這些訊息影響。

「想戰勝別人」的人，容易落入兩大陷阱

在競爭激烈的社會當中，從上到下各種階層的人，所做的事情都大同小異。

辯贏對方、駁倒對方，把對方逼到無法反擊……我們用這些方式「鬥

贏」對方，讓對方服從自己、接受自己的主張。

這種時候我們說出口的話，幾乎都是「你就是……你總是……」這種第二人稱的說話方式。

這種表達方式會使得我們更加激動，因而越說越情緒化，而且也缺乏：「能說出口、傳達自己的意思真是太好了！」這樣的滿足感。

與別人相爭最糟糕的一點就在於，這會讓我們成為「不敢表達、不敢拒絕、不敢請求幫助」的人。

即使鬥贏對方，我們的心一樣會在爭執中受到傷害。無論表面上看起來多麼強悍、百戰百勝的人，也一樣會受傷，我們的心並不會因為贏過別人，就變得刀槍不入。

而且和人鬥爭會帶來恐懼，只是鬥爭的當下我們把意識集中在對方身上，所以缺乏自覺而已。這種恐懼會在每一次我們感受到它的時候逐漸膨脹。

就像從前的武將和敵人打仗，睡覺時擔心有人會乘隙來取自己首級一樣，鬥爭會讓我們感受到夜不能眠的恐懼。

還不只這樣。

更重要的問題是，無論我們在鬥爭當中是輸是贏，都會逐漸「產生受害者心態」，這是無法避免的。

在我們憎恨對方、懷恨在心的時候，就已經陷入受害者心態當中了。彼此鬥爭而導致受害者心態越來越嚴重，是非常棘手的一種現象。舉例來說，當我們受到受害者心態左右的時候，聽到對方無心的一句話都會感到受傷。

聽到對方說：

「你今天心情很好喔。」

我們會忍不住懷疑背後的意思，認為：

「原來這個人平常都覺得我看起來很不高興。」

要是人家說：

「這點小事情，當然應該要會啊！」

在受害者心態之下，我們可能會解釋成：

「他一定覺得我很無能，什麼都不會。」

進而覺得自己「被人瞧不起了」。

而且，受害者心態強烈的情況之下，我們會從對方的話語當中刻意挑出讓自己受傷的成分。即使只是簡單的一句話，我們也會在意其中否定自己、責備自己的措辭，或是細微的語氣暗示。

只是簡單一句話，對我們來說卻像是自己的一切都遭到否定一樣受傷，又因此強化了受害者心態，造成惡性循環。

許多人執著於「正確／不正確」的問題，很大一部分也是受到這種受害者心態影響吧。

反射性接下工作，越做越不開心——A小姐的例子

A小姐結束了公司的活動，準備下班的時候，其他單位的同事跑來跟她說：

「還有一些小道具和設備機器留在那邊喔。」

當時A小姐心想：

「那又不是我負責的工作。」

但她還是反射性地回答「我知道了」。

話一說出口，A小姐就後悔不已：

「唉，我老毛病又犯了。」

A小姐是「該做的事就必須逼迫自己去做」的那種人，因此儘管為自己輕率的回應感到懊悔，可是就這樣把東西丟著下班回家，她又會有罪惡感。

活動會場位於三樓，而且只有樓梯可以走。每爬上一階，她就覺得腳

步越來越沉重，忍不住在心裡抱怨：

「每次我都是最倒楣的那一個，老是要幫人家做這種吃力不討好的事情。」

一邊收拾東西，她怪罪同事的心情也越來越強烈：

「幹嘛還跑來跟我說啊，看到東西留在那邊不會自己去收拾嗎？」

等到終於把場地收拾好，踏上歸途的時候，A小姐的心情也一直鬱鬱寡歡。到家之後，她因為母親微不足道的一句話而被激怒，把在公司受的氣遷怒到家人身上。

你也想立即給出答案，一秒戰勝對方？

像A小姐這樣被人問到預料之外的問題，我們一時間不知道該怎麼回應，往往在事後懊悔不已。所以有人開始覺得：

「我想要擁有立刻給出答案的反應力。」
「我想學會最有效的應答方式，用一句話就讓對方閉嘴。」
從這種想法，可以感覺到我們想迅速給出答案，讓對方啞口無言，也就是「戰勝對方」的欲望。

用一句話駁倒討厭的人，確實很大快人心。

可是反過來說，越渴望這麼做的人，說不定就是對於溝通能力越缺乏自信的人。由於我們無法立刻反駁對方的話，心有不甘，才會夢想著有一天能用一句話打倒對方。

說到底，一旦養成了忍耐的習慣，在自己有話想說的時候，我們往往也會選擇把話吞回去。然而，「把話吞回肚子裡」和「說出想說的話」是兩件完全相反的事情。

習慣忍耐的人無論有什麼感受都忍著不說，等於在人生的數十年間，不斷地訓練自己把話吞回去。

這時候突然要求你為自己發聲是非常困難的事情，更別說要立刻給出讓對方無話可說的答覆，那更是天方夜譚了。

因此，如果你平常習慣忍耐不說，那麼我真的認為有必要從「發出聲音」開始訓練自己。

那麼，為什麼我們會把想說的話倒吞回去呢？

因為我們害怕和對方發生爭執，進而在爭執當中受到傷害。

所有人都害怕受傷。

而且在我們的認知當中，「受傷」是「對方傷害了我」，也就是說我們往往懷抱著一種受害者心態。

然而，即使這麼害怕發生爭執、不想跟對方產生摩擦，我們卻只學會了把注意力集中在他人身上、「責備對方」的說話方式。這就是他人中心最可悲的地方。

抱持受害者心態，讓我們只說得出攻擊的話，因此只好保持沉默

這個例子當中的Ａ小姐，在把話說出口之前，心裡已經想著：

「這件事為什麼要跟我講？」

「你自己收拾不就好了，幹嘛跟我說。」

「這是什麼意思，你是想指揮我該怎麼做嗎？」

假如要把這些話說出口，無論包裝得再怎麼委婉也只能這麼說：

「這件事你為什麼要跟我說？」

「你自己收拾就可以了吧。」

「我不想被（你）指揮耶。」

由於心裡抱持著受害者心態，所以表面上換個不那麼冒犯的措辭就是極限了，最後說出來的話並沒有太大差別。

當然，當事人自己也知道這樣說話會引起紛爭，過去想必也有過因此鬧得不愉快、氣氛尷尬、引起爭吵之類的經驗，所以寧可選擇把這些話吞回去。

在A小姐心中，也同樣有著複雜糾結的想法。

老實說，她自己也已經累壞了，一點也不想收拾東西。

可是她反射性回答了「我知道了」，一時間也想不到該如何拒絕對方。

而且，一想到「收拾東西還必須爬上三樓」，她的負面情緒就像火上加油一樣越燒越旺。

剛才我們提到，A小姐是認為「該做的事就必須逼迫自己去做」的那種人，但其實不只是A小姐，我們當中有非常多人都得了「非得逼迫自己不可」的病。

那位同事只是告訴A小姐一個事實，說不定他完全沒有強迫A小姐去收拾的意思，只是好心告知一下而已。

然而聽在A小姐耳中，這句話就像在說：

「你快去收拾！」

而且A小姐在回答「我知道了」的瞬間，也開始認為：

「我必須負責完成這件事情。」

改用「自身中心」的心態，A小姐就能巧妙拒絕對方

以這個例子來說，只要能以「自身中心」的角度思考，A小姐就多出了好幾種選擇。

無論面對什麼情況，自身中心在判斷事情、決定行動的時候，永遠是以「讓自己心情更加輕鬆，消除自己內心的芥蒂，滿足自己的心靈」為標準。

因此，假如選擇在今天收拾東西，A小姐不會抱持著「為什麼要我來做」這種受害者心態，而是：

「因為我很在意這件事，所以我選擇今天把東西收拾好。」

這麼一來，Ａ小姐行動的動機和理由，就是因為這麼做自己心裡會比較輕鬆了。

只要能以這種自身中心的態度思考，即使同樣回答同事「我知道了」，Ａ小姐也能夠判斷這件事不屬於自己的責任範圍，因此能夠把自己「現在已經累壞了」的狀態擺在優先位置。

當Ａ小姐能夠好好認清自己的立場，自然就會浮現如下的回答：

「我知道了。現在已經太晚了，我明天再來收拾。」

「我知道了，我會跟負責的人說一聲。」

重視自己的感受，Ａ小姐就能直率地說：

「我很累了，所以今天想先回家，明天再來收。」

或者，也可以主動詢問對方：

「你能不能一起幫忙呢？」

人本來就是喜歡互助合作、分享喜悅的生物

人類本來就擁有「想幫助別人、互相幫忙」的需求，在這裡我想強調一下，這並不是義務或責任，而是一種「需求」。

這種需求獲得滿足，我們會覺得自己幫上了別人的忙，對對方做出了貢獻，進而感受到驕傲與成就感。

當然，這只有在對於他人懷抱正面的感受，並且沒有與他人爭執、對立的情況下才成立。

競爭意識過於強烈的時候就不是如此了，一旦「別人都逼我做事」的受害者心態逐漸累積，我們就會開始斤斤計較地評估損益，試圖自保：

「他們每次都只叫我去做事，我太吃虧了。」

「主動行動太累了，對我根本沒有好處，只爽到別人。」

「採取行動萬一失敗就虧大了，還是袖手旁觀比較安全。」

當我們對人抱持著負面感受，就連開口表達的時候我們都會懷疑：

「說這種話是不是會被對方瞧不起？」

「這種小事也拜託別人，人家會不會覺得我很笨？」

這樣想著想著，本來想說的話也說不出口了。

即使對對方抱持好感，當我們自尊心過於低落的時候，也很容易認為對方一定不會接納自己，因而害怕地想：

「做這種事萬一被對方討厭了怎麼辦？」

「我這樣說，人家會不會看不起我？」

要是一直像這樣揣測別人的心思，預設對方會做出負面的反應，那我們就什麼話也說不出口了。這種心態實際上無法解決任何問題，於是我們又在心裡胡思亂想，使得負面情緒雪上加霜。

因此我們害怕：

「萬一拒絕他，事後他會不會想辦法報復我？」

「要是我拒絕了，之後他不曉得會跟別人怎麼說。」

深陷於這種恐懼之中，自然不敢拒絕別人。

對於抱有好感的對象，我們一樣會再三猶豫：

「拒絕之後，萬一這段關係變得很尷尬該怎麼辦？」

「我不想因為拒絕而傷害到對方。」

基於這些理由，就算對對方抱持好感，我們也同樣無法拒絕。

乍看之下越強勢的人，反而越害怕「遭人拒絕而受傷」

在這種心態之下，我們也不敢拜託別人幫忙。

「拒絕」和「請求」其實是一體兩面，而且缺乏自信的人更容易認為：

「像我這種人沒有資格找人幫忙。」

「像我這樣的人就算去拜託人家，人家也不可能答應。」

由於極度恐懼遭人拒絕而「受傷」，這樣的人會一口咬定：

「反正就算找人幫忙，也一定會被拒絕。」

因此打從一開始就不依靠別人（不敢依靠別人），獨力把事情做完。

比起拒絕，我們似乎更不擅長拜託別人。

這是因為一旦請求別人幫忙，就等於欠了對方人情，有一種被對方抓住把柄的感覺嗎？

有些人比較情緒化，態度霸道，總是單方面迫使別人接受自己的要求。以一般的眼光看來，這些人好像比較強悍又不好惹。

但其實正好相反。

這樣的人，正是最害怕「遭到拒絕而受傷」的人。他們不斷與人爭執，發生的糾紛也多，因此對於恐懼比常人更加敏感。

只要氣勢壓過對方、威脅對方，讓對方默默聽從自己的要求，就不用擔心自己會受到對方傷害。情緒化的說話方式也一樣，發洩情緒的時候我們的注意力專注於外界，因此不會感受到內心的恐懼。

對於習慣與人相爭的人來說，這種態度可以保護自己，又可以迫使對方接受自己的主張，有著一石二鳥的效果。

從潛意識的角度來說，他們也可以靠著怒吼、威嚇等方法「利用情緒」來達成自己的目的。

當然，一直使用這種方法處理問題，必定會導致人際關係惡化，因此實在很難說這種方法真的有益。

可是，這種類型的人害怕受傷，又不懂得其他的溝通方式。於是這種態度逐漸成為他們的一種反應模式固定下來，導致他們到了最後總是依賴這種方式來解決問題。

第三章

先從肯定自己的一切開始吧

當我們不再忍耐，就能夠接納「想拒絕的自己」

你有辦法讓對話雙方都覺得「把話說出口真是太好了」嗎？

陷入「他人中心」的思考方式，我們會把注意力集中在別人身上，拿自己和別人比較，因此競爭意識會更加強烈。

彼此相爭當然會受傷。

如果希望自己的主張被人接受，又不想受傷，那麼只能事先武裝自己，以便牽制對方、辯贏對方。

大多數人都是這麼相信的，因此和人談話之前，我們會先進行沙盤推演，模擬對話過程：

「假如對方這樣說，我就這樣回答。如果他又這樣說，我就這樣回擊。」

當然，這麼做都是為了不讓自己受到傷害。但是說到底，在和別人談話之前認為「我必須先武裝自己」才不會輸給對方，就表示我們已經抱持著

「和對方鬥爭」的意識了。

這表示我們並不認為談話過程會是平穩舒服的，也不覺得這場談話能夠讓雙方滿足地覺得「說出自己的想法真是太好了」。

我們本來就擁有珍惜自己、愛自己、跟隨自己的心去過生活的需求。同樣地，也擁有親近他人、互助合作、彼此相愛、互相信任的需求。

當我這麼說，難免有人懷疑：

「人不為己天誅地滅倒還能理解，你說所有人都有互助合作的需求，我一點也不相信。」

之所以這樣想，是因為「鬥爭意識」已經深深紮根在那個人的心裡了吧。

事先用各種理論武裝自己再上場，對於勝過對方或許相當有效。可是只要背後抱持的仍然是競爭意識，我們就會一直處在精神緊繃的狀態。

如此一來，一定會覺得和對方溝通非常痛苦。不僅如此，即使在沒有自覺的狀態之下，這樣的心態還是隨時讓我們暴露在「害怕受傷」的恐懼當中。

不論最後的結果是輸是贏，這點都不會改變。

即使贏過別人，你也不會因此被愛。
所以不敢拒絕，也不敢依賴

勝過對方和愛自己是完全不同的兩件事，**但大多數人都誤以為只要勝過對方，自己就會「受到喜愛」，心靈就能夠獲得滿足。**

請想想看，我們用強硬的態度逼迫別人接受自己的主張，用事先武裝好的理論辯贏對手，能夠因此和對方培養出信任關係嗎？

在這種缺乏互信的關係裡，當你需要對方幫助的時候也沒有辦法謙和有禮地拜託對方，只能強硬地發號施令。

假如對方跑來要求你幫忙，你也只能心不甘情不願地接受，或是不留情面地拒絕。勉強接受的話心裡一定會產生不滿，要是冷酷地拒絕，又會在內心一角留下罪惡感。

無論怎麼選擇，都會留下不斷悶燒的負面感受，至少不可能心滿意足地覺得：

「能夠幫上對方的忙、助他一臂之力真是太好了。」

我們之所以變成了「不敢表達、不敢拒絕、不敢拜託」的人，是因為我們都害怕受傷。

儘管如此，我們實際表現出來的行為卻自相矛盾。

一旦抱持著他人中心的想法，我們會拿自己和他人比較，開始斤斤計較「輸贏」問題。因此我們開始害怕：

「說這種話說不定會引起糾紛（萬一吵輸對方，就只能屈服了）。」

「說這種話說不定會被人討厭（要是被討厭就完了）。」

所以我們武裝自己，努力不輸給別人。

可是，當我們對別人懷著敵對意識，先把自己武裝得刀槍不入再去談話，不僅不可能營造出一段平和的對話，也很難與對方培養出親近的關係。

即使對方原本希望展開一段坦誠相對的談話，但我們心裡對他人感到不信任的時候，這種不信任感也會傳達給對方，導致對方關上自己的心門。

是因為對方先挑戰我們，所以我們才不得不用各種理論武裝自己嗎？還是我們先武裝了自己，所以對方才跟著採取備戰態勢呢？

無論誰先誰後，這樣的心態都不可能建立雙方彼此信賴的關係。

「由於害怕受傷，我們武裝自己，卻反而使得雙方的關係惡化。」

實際上，我們的行為就是如此矛盾。

新冠疫情暴露出的心理問題

生而為人，彼此信賴的人際關係是我們生活中不可或缺的一部分。

現在面臨疫情風暴，在家上班、遠距工作這種工作模式在社會上越來越普遍。許多人也擔心，這將導致人與人之間的距離更加遙遠，人們要彼此互助合作就更加困難了。

也出現了這樣的聲音：

「和人說話的機會減少，我都快忘記怎麼說話了。」

「大家都戴著口罩，對話的時候很難看出對方的想法。」

另一方面，由於戴口罩和對方拉開了心理上的距離，因此也有人覺得：

「我本來不敢直視著對方說話，不過對方戴著口罩我就不那麼害怕了。」

「戴口罩遮住臉比較不容易被人認出來，所以我講話變得比較大膽。以前想表達不滿的時候我都會忍耐，但現在別人看不到我的臉，就比較容易開口了。」

更有人吐露這樣的心聲：

「在家工作不用勉強陪別人交際應酬，壓力減輕了很多。」

「我本來覺得不擅長跟人交際的自己『低人一等』，但現在所有人都無法交際，我心裡就比較沒有壓力了。」

上述這些發言，都代表我們沒有正面看待與他人的互動，沒有建立起彼此信任的人際關係。即使新冠肺炎疫情沒有發生也是一樣的，社會上的各個領域都不斷致力於數位電子化，可以說這個趨勢更加劇了人心受到忽視的現象。

在不久後的將來，即使大環境恢復原狀、不再需要佩戴口罩，說不定我們的心靈狀態也已經產生了現在難以想像的巨大差異。天馬行空地想像一下，說不定人們都不再有「心」，像機器人一樣冰冷無情的社會即將到來也不一定。

我們無法否認，其實早在新冠肺炎疫情發生之前，這種冷漠的人際關係就已經阻擋在我們之間，只是疫情顯化了這些問題而已。

「不敢拒絕」是大多數問題的元凶！

這方面的問題在家庭當中尤其顯著。

在新冠疫情爆發之前，就有不少女性找我諮詢「丈夫因為加班應酬太晚回家」的家庭問題。

「不敢拒絕」在這裡也是最主要的問題所在，之所以會發生這種情況，都是因為丈夫「不敢拒絕」。

職場上的同事邀請他一起喝酒、拜託他幫忙完成工作，丈夫都不敢拒絕。

即使還有其他事情想做，他也不敢把自己的意願放在第一位。

「不敢拒絕」是社會上非常根深柢固的問題。

而這種「不敢拒絕」的現象，其實也同樣發生在家庭當中。

丈夫或許不只是因為不敢拒絕加班、應酬的要求而晚歸，說不定在家

庭當中也因為不敢拒絕，而覺得「和家人相處」倍感壓力，因此下意識逃避回家，即使到了該回去的時間仍然在外流連。

在家庭中最容易引起爭執的，就屬家事和育兒問題了。

由於在家上班和遠距工作的關係，全家人共處的時間變長了，妻子對此這麼抱怨：

「丈夫待在家意見很多，大小事都要管，讓我覺得很煩。現在每天要幫全家人煮三頓飯真的太麻煩了，而且丈夫完全不願意幫忙帶小孩，家事的負擔變得更重，我再也撐不下去了。」

在此之前，這些齟齬之所以沒有演變成重大問題，是因為夫妻雙方都忙於工作，相處的時間也因此錯開。

即使有著嚴重的根本問題，忙著忙著一天一下子就結束了，發生一點小小的爭吵摩擦也只是家常便飯，因此往往當作日常生活的一部分視而不見。

舉例來說，假如妻子臭著臉說：

「每次家事都是我在做，我工作明明也很忙。」

丈夫一定會回嘴：

「你這麼不想做就不要做啊。」

妻子雖然表面上保持沉默，還是在心裡這麼想：

「我不做誰來做啊，到最後這些事還不是落到我頭上！」

這樣的摩擦有可能發生在每一個家庭。

如果我說這樣的爭執也是因為「不敢拒絕」而發生，你會不會很驚訝呢？

在我們進行這種對話的時候，雙方對於「拒絕」這件事都抱有罪惡感。

雖然從雙方的語氣和氣勢很難想像，但夫妻雙方其實都沒有「發自內心承認」自己擁有自由。

我們都擁有選擇「要做」或「不做」一件事的自由，所以才需要「對話」與「溝通」，讓我們彼此接受對方的選擇。

然而，大多數的人並不認為自己擁有這樣的選擇權，甚至對此沒有自覺，因此在主張自己「想做／不想做」這件事的時候，才會抱有罪惡感。

因為雙方心裡都懷著罪惡感，又希望對方接受自己的主張，所以才會在不知不覺間這樣要求：

「希望對方懂得察言觀色，不用說就知道我的想法。」

雙方都想逼迫對方接受自己的主張，自然就只有對立一途，越吵越情緒化一點也不奇怪。

在職場上越是忍耐，在家就越希望家人察言觀色

丈夫在職場上，有許多事情「不敢拒絕」：

「因為這是工作，我不敢拒絕。」

「這是主管的要求，我不敢拒絕。」

「大家都邀請我去了，我不好意思拒絕。」

這些「不敢拒絕」當中，隱含著各式各樣的想法。或許他深信一旦拒絕，和對方之間的關係就會因此惡化。

或許他認為上層發派了工作，自己就必須自動自發地聽從指令，把工作完成。

或許他不想被同事排擠。

另一方面，也不希望旁人認為他欠缺工作能力。

他或許認為拒絕別人的請求會降低自己在公司的風評，而實際上這種狀況確實有可能發生。

或許他心裡也有點小小的算計，覺得這次一旦拒絕了，下次輪到他想拜託別人幫忙的時候，對方就不願意伸出援手。

說不定拒絕了對方，對方會覺得自己是個冷酷無情的人。

看到對方這麼困擾，他心裡也有著想要幫助對方的心情。

他說不定認為，畢竟必須先有收入才能夠支撐家庭，所以把事業擺在家庭前面也是應該的。

就像這樣，丈夫受到各式各樣的規定束縛，因此在職場上處處忍耐。為了彌補長久的忍耐，在家自然就容易要求家人：

「我每天壓抑自己努力工作，至少在家的時候就讓我自由一點嘛。」

「在家的時候就不要讓我操心了。」

當然，妻子也是一樣的。

「好不容易有得休假，好想從家事當中解脫喔。」

「帶小孩有多累，你來帶一天看看就知道了。」

「如果只需要工作，其他事情都不用管，那不知道有多輕鬆。」

就像這樣，儘管在心裡這麼想，但夫妻雙方在內心深處都認為「即使心裡不願意，我也必須要做」。

雙方都沒有發自內心承認自己擁有「拒絕」的權利，所以才不敢拒絕。

這導致我們在職場上容易「默默服從」，在家裡又半強迫地要求家人體察自己的感受，因而引起摩擦。

之所以不敢拒絕，是因為我們沒有接納「拒絕別人」的自己

假如雙方都發自內心認同自己拒絕的權利，就不會產生前述那種尖酸刻薄的對話了，妻子反而可以採取其他表達方式，例如：

「我今天已經很累了，需要休息一下。」

當妻子發自內心承認自己擁有選擇的自由，就不會因為休息而產生罪惡感。因此她不會再忽視自己「現在很累」的狀態，能夠把自己的狀況擺在第一順位。

而且，因為以自己的狀態為優先，她也能夠使用平和的語氣表達需求。

聽到妻子心平氣和地這麼說，丈夫也會這麼回答：

「也是，今天就先不要做家事了吧，明天我也會幫忙的。」

為什麼呢？因為這就是人與人之間的「關係性」。

當我們用攻擊的態度說話，對方也會進入備戰態勢，隨時準備出言反擊。

當我們用責備的語氣說話，對方不僅不會順從，反而還更想反抗。

同樣地，當我們發自內心認同自己有權跟隨自己的心做出選擇，就能夠以正面的方式表達自己的需求。如此一來，就像上述的例子一樣，對方也會傾向於尊重你的選擇。

無法接納自己的人，無論學習了多麼討人喜歡的溝通技巧，也不可能隨心所欲地運用它。

舉例來說，「他人中心」的人無法接納自己，因此會這麼想：

「雖然我已經很累了，但還是得把東西收拾好。」

因此，就連自己已經累到沒有力氣做這件事的時候，他們還是會責怪自己做不到，因而產生罪惡感。

換作是全心接納自己的「自身中心」，則會這樣想：

「我很累了，所以現在先休息吧。」

為自己做出選擇，我們會慶幸做出了珍惜自己的決定，也能正面看待休息這件事，覺得「能休息一下恢復精神真是太好了」。在休息時也能自在地感受到這段休息時間的美好，而不是心懷愧疚。

我們拿著「罪惡感」束縛自己、要求對方，因此引發爭吵

比起自己的感受、情緒、需求，他人中心的人傾向以他人或外在環境為行動標準，遵從他人制訂的規則。因此，察覺自己違反了那些「規則」往

往會帶來「罪惡感」。當然，這都是虛假的罪惡感。

然而他人中心的人並沒有察覺這一點，繼續以這個標準束縛自己，因而也想要以同樣的規則束縛其他人，或是要求他人受到同樣的規範。

而且由於把注意力放在他人身上，在家庭當中，夫妻也會在不知不覺間採取責備對方的表達方式：

「我工作很忙，你快點去煮飯啦。」

「你跟我說話會害我分心，都講過幾次了！這種小事不要一直拿來問我，自己做不會嗎？」

「小孩這麼吵，這樣我怎麼專心工作！」

「你顧一下小孩會死喔？」

因為沒有發自內心認同自己有權這麼做，因此演變成「不敢表達、不敢拒絕、不敢拜託」的狀態，再加上罪惡感作祟，才會一時衝動就用情緒化的方式說話。

這種表達方式也會對小孩造成影響。當然，父母親的一言一行小孩子都看在眼裡，也會加以學習。

比方說，小孩要吃零食的時候，如果媽媽這樣叮嚀：

「吃點心之前要把手洗乾淨喔。」

「在點心時間才可以吃零食。」

「吃完點心要記得刷牙喔。」

孩子聽了，能夠具體知道自己應該怎麼做才對。

但假如是他人中心的人，由於隨時緊盯著他人的一舉一動，在小孩子伸手去拿零食的時候就會反射性地說：

「不可以吃！」

「不能再吃了，萬一蛀牙怎麼辦！」

如果大人只用情緒化的方式制止，小孩子聽了無從得知該怎麼做才是對的，也不知道該如何理解媽媽的這番話。

萬一小孩因此把吃零食這件事本身解釋成「壞事」，每一次吃點心的時候，孩子就都會感到心虛，產生罪惡感。

這種想法一旦變得更強烈，孩子或許會以為自己「擁有需求」是一種不好的事情。

或是認為在自己想要滿足需求的時候，也隨時會被別人禁止、受到阻礙，變成一個隨時對人保持警戒的人。

就像我們不敢滿足自己的需求，又和別人針鋒相對一樣，這種心態會阻礙我們「承認自己發自內心的需求，並加以滿足」這種能夠強化滿足感以及「自我信賴感」的行動。

自我信賴，也就是「相信自己」的力量。相信自己的價值、滿足自己的需求，才能培養出自我信賴感。

當我們對自己的需求懷抱著罪惡感，就很有可能成為無法「發自內心接納」自己的人。

「承認彼此的自由」真正的意涵

如果親子雙方一起度過了快樂的時光，發自內心承認彼此，那麼到了點心時間，父母親自然能夠心平氣和地邀請孩子：

「我們一起去洗手。」

「一起吃點心吧。」

「我們一起去刷牙吧？」

想要改掉尖刻、責備的說話方式，最重要的就是必須先承認對方的自由。

話雖如此，只用「接納自己」、「承認對方」、「承認彼此」這麼簡略的描述，想必還是有讀者不太明白。

這裡說的「接納」和「承認」到底是什麼意思呢？

要承認彼此的自由，首先必須培養「具體認清」自己的自由與對方的自由的能力，只有模稜兩可的理解是不夠的。

當我使用自由這個詞，你是不是也認為「我的自由」就意味著「對方的不自由」，「對方的自由」就是「我的不自由」，雙方的自由不可能兼顧呢？

這種想法從根本上就產生了誤解，可以說就是因為這種誤會，才造成了雙方爭執不下的結果。

「承認彼此的自由」，說得更加具體一點，也就是雙方都不會未經許可闖入「對方的領域」的意思。

承認雙方都擁有彼此的領土。

只要遵守這個基本原則，雙方的自由就能夠同時成立。

比方說，「我」在自己的土地上種菜，而隔壁的人在自己的土地上種花。

這時候，如果我心想：

「蔬菜可以吃，又有益健康，種花有什麼用？」

像這樣忍不住在意對方的行動，對於對方的選擇抱持著負面的情緒，這就是「沒有承認對方的自由」。

如果發自內心承認雙方彼此都擁有自由，我只會這樣想：

「我種的是菜，對方種的是花。」

並不會產生除此之外的想法。

只要能像這樣劃清內心的界線，我們就能以正面的心情看待這件事：「蔬菜很好吃，花也很漂亮」，各自有各自的好。

在這個前提之上，我們再做出選擇：「我喜歡蔬菜，所以選擇種菜。」這就是承認彼此自由的基本原則。

希望大家都能從身體與心靈，去感受這種「接納自己、承認對方」的感覺。

為什麼對很多人來說「不帶罪惡感地拒絕別人」這麼難？

「我」想進入對方的領域，當然需要詢問對方、徵求對方的許可。反之亦然，如果對方想進入「我」的領域，也必須徵求「我」的同意。

這時候，即使對方提出「我想進入你的領域」，但假如自己的感受是「我不希望對方進來」，本來我應該有權拒絕，而且不必感到罪惡感才對。

然而一般的情況卻是，即使是自己的領地或自己持有的物品，我們也無法發自內心對別人說「不」。這是因為就連自己的東西，我們都覺得：「不可以一個人獨占，即使是屬於自己的東西也應該與別人分享。」

這樣的觀念已經深植在我們心裡。

假如一開始就認為「我不可以獨占」，那麼即使心裡不情願，我們還是會讓對方進到自己的領域當中。當然，這不是「發自內心」的行動，因此會在我們心裡留下芥蒂。

而且也有可能我們表面上歡迎對方進來，內心卻一直擔心對方會不會得寸進尺地提出其他要求，弄得自己坐立難安。

想和鄰居培養出友好的關係是人之常情，可是忽視自己內心的感受、勉強自己讓對方踏入自己的領域，反而可能埋下爭執的火種，引發後續的各種問題。

人類與生俱來的體貼與溫情，和罪惡感是完全不同的東西。

倒不如說，對自己的東西清楚自覺「這是屬於我的東西」，反而能讓我們更安心地與鄰居來往。

● **鄰居不會擅自闖入我的領地。**

- **鄰居如果想來拜訪，會事先徵求我的同意。**
- **就算鄰居想要拜訪，如果我覺得不想讓對方進來，一樣可以拒絕對方，不用產生罪惡感。**

當然，我們自己在相反立場也必須遵守同樣的原則。為了加深印象，讓我們再重複一次：

- **我不會擅自闖入鄰居的領地。**
- **如果我想拜訪鄰居，會事先徵求對方的同意。**
- **就算我想進入對方的領地，只要沒有經過對方許可就不能進去。**

這時候最重要的一點是，我們自己對於「對方有權拒絕我，不用產生罪惡感」這點要有所自覺。

反過來說，當我們自己能夠毫無罪惡感地拒絕別人，也就更容易接受對方同樣也有權利這麼做了。

「承認自己的自由」和「承認對方的自由」是一體兩面

這裡所說的「鄰居」只是一個例子，幫助大家具體想像「彼此承認」是什麼樣的概念。

遭到人家拒絕，我們難免都會受傷。可是，只要能夠承認以下兩點：

- 我擁有「我的自由」。
- 這也就意味著「對方也擁有自由」。

接受了這兩點之後，因為明白自己也擁有同樣的權利，在遭到對方拒絕的時候也就比較不會那麼受傷了。

這點大家在理智上都不難理解。

然而，即使這些我們都明白，在現實生活中，絕大多數人卻都違反了上述的原則。

由於在生活中無法承認彼此的自由，所以才會引發爭端。

換句話說，人們之所以產生摩擦，可以說都是因為「我和對方其中一方，或是雙方都未經許可擅自闖入對方的領地」所造成的。

並不是因為我們拒絕了對方而引發爭端，大多數情況是因為我們拒絕的方式不恰當，用互相傷害的語氣說話，所以才會發生爭執。

舉例來說，鄰居收到禮品想跟你分享，來按門鈴說想拿東西給你。

這時候，如果你不想讓對方進到家裡，可以用這種說法「拒絕」：

「真的很謝謝你，平常都這麼照顧我！可是我現在正在整理房間，家裡很亂，也不太方便坐下來好好聊天，就在玄關收下可以嗎？」

對方說不定會因此感到受傷。

可是，我們的「話語」就是為此存在的。

在有可能傷害到對方的情況當中，話語也可以成為緩衝材料，讓我們想表達的意思不會那麼傷人。

此外，對方是否承認你擁有拒絕的自由，也可以當作你擇友的判斷標準。

假如鄰居也同樣是懂得承認彼此自由的人，就會尊重你的決定：

「我知道了，東西拿給你就好，今天就不打擾了。」

「不侵犯彼此領地」的人，就能一直和睦相處下去

在新冠肺炎疫情之下，「忽然發現平穩的日常有多麼得來不易」是所有人共同的想法。

在家庭當中，夫妻一起做家事、帶小孩的機會變多了，也有丈夫因此感嘆：

「原來你平常都這麼辛苦，自己動手之後我才終於知道做家事有多不簡單。」

丈夫體恤妻子的辛勞，夫妻雙方更常把「謝謝」說出口，感謝彼此付出的家庭也是有的。也有人說：

「職場上的壓力減輕，我的工作效率也變好了。」

「現在的生活讓我比較有幹勁，日子過得更充實了。」

當然，必須先在家庭中建立起溝通良好的關係，才有可能覺得和家人相處是一件「很開心、很快樂」的事情。而建立這種關係的基本原則，就是「不擅自侵犯彼此的領域」。

必須保持適當的距離，我們才不會覺得對方的存在是一種壓力。

與對方保持著「適當距離」，我們就能感到安心，彼此信任。

有了這種安心感和信任感為基礎，雙方才敢說出自己的想法，一旦發生什麼問題也能夠坐下來好好交換意見。

雙方保持著適當的距離，安心地以正向的方式「表達想法、拒絕或拜託對方」，才能建立起溝通良好的關係。

當我們面臨疫情，與家人相處的時間增加的時候，有的家庭覺得生活充實又滿足，有的家庭卻過得暴躁易怒、發生更多摩擦，最大的差別就在於此。

關於與對方保持「適當距離」、建立良好關係的實踐方法，我們也會在後續章節當中說明。

第四章

運用順從內心的表達方式，你也可以自在地拒絕、拜託別人

坦然說出自己「真正的感受」就不會受傷，也不會傷害別人

接納自己，就能順從自己的感受表達拒絕

即使經歷同一件事情，隨著每個人的觀點不同，眼中看到的世界也截然不同。

用他人中心的眼光看事情會加重罪惡感，導致自信心不斷流失。而且在五感和情緒方面只提升了負面感受的敏感度，因此會不斷為負面的想法所苦，不知不覺養成負面思考的習慣。

反過來說，只要培養自身中心的眼光，即使是自己眼中「失敗」或「能力不足」的事情，都能成為提升自我信賴感的契機。

就像我們在上一章所說的，自身中心的基礎是「接納自己」。只要你能夠毫無保留地接納自己的模樣，就能夠培養自我信賴感。

每天有意識地進行「接納自己」的練習，你會逐漸學會肯定自己的感受，罪惡感也會隨之減少，帶來自我信賴感的提升。

要與人保持適當的距離，就必須學習自身中心的思考方式。尤其在具體認清自己與對方的領域界線之後，我們與人相處的過程也會更加輕鬆。

想法以「他人中心」為基礎的人，表達方式與「自身中心」正好相反。

比方說，針對同一件事，他人中心會這麼拒絕：

「你為什麼老是給我找麻煩！」

「每次只會問別人，你不會自己動腦嗎？」

由於目光集中在對方身上，用這樣的語氣說話也是很自然的。

這種說話方式不僅容易造成對立，也無法達到最重要的「解決問題」的效果。

這個時候，如果可以用自身中心的方式拒絕：

「我之前已經努力做了各種嘗試，都是為了幫上你的忙，但以後關於這件事情，就算再來找我商量，恕我也沒辦法再幫忙了。」

「現在我手邊的工作很忙，空不出時間。等到下午〇點的時候就會有

空，到時候再談可以嗎？」

這就是順從自身感受的拒絕方式。

之所以能夠這麼表達自己的感受，是因為我們擁有自我信賴感，「接納了自己」，發自內心相信「我可以以自己的需求為優先」。而且，由於肯定了自己的感受，我們內心有了餘裕，也就能夠以更有禮貌的方式拒絕對方。

有了這樣的差別，他人中心和自身中心的人在拒絕對方之後，事情的發展方向想必也完全相反吧。

我和鄰居因為一棵樹起了糾紛……——B的例子

自身中心和他人中心的人，與對方在心理上的距離感也恰好相反。

採用他人中心的說話方式，容易造成雙方心理上的摩擦，不恰當地縮短了雙方之間的距離。

而自身中心的人說話的時候，盡可能順從自己的內心、表達自己的感受，因此不會在自己心裡留下疙瘩。當這件事不再讓我們耿耿於懷，我們就能和對方拉開適當的「心理距離」。

自身中心的表達重點不是對方，而在於「我要怎麼做」，因此不用擔心在未經考慮的情況下不小心批評到對方。「不必否定、貶低、責備對方，也可以達到拒絕效果」，這就是自身中心的說話方式的優點。

來看看接下來的案例吧。

B因為一棵樹，而和隔壁家的男主人起了紛爭。

這棵樹是B種在自家庭院的。以前兩家也曾經為了這棵樹發生糾紛，B還記得當時隔壁先生咄咄逼人的語氣，因此實在不敢獨自去談這件事情。

這一次是因為那棵樹種在兩家交界處，枝葉越過了自家的圍牆長到隔壁的車棚上方，落葉和毛毛蟲讓隔壁不堪其擾，隔壁男主人氣勢洶洶地向B

的母親抱怨了一頓才回去。

以前B家立刻找來了園藝公司來修剪，但這一次，隔壁男主人比上次更憤怒地要求：

「還修什麼修，趕快把那棵樹整個處理掉！」

雖然想拜託家人處理，可是B和雙親的關係本來就不太好，母親還一臉嫌棄地說：

「那棵樹本來就是你擅自種下去的吧。」

一點商量的餘地也沒有。哥哥在一旁聽了問：

「要不要我替你去跟鄰居交涉？」

但B對哥哥也沒什麼好感。

就這麼拖過了好幾天，直到隔壁男主人失去耐性又跑來催促，B才勉為其難地仰賴哥哥代為解決。

稍微整理一下，整件事情是這樣的：

●隔壁鄰居因為樹木越界的問題來按門鈴大吼大叫。
●我感到很害怕，無法自己去應對。
●和父母商量，只得到冷淡的回應。
●哥哥說可以代替我去交涉。
●我一直無法採取行動，最後因為退無可退，不得已只好交給哥哥處理。

換成「自身中心」的方式，B可以如何看待這件事？

面對同樣的狀況，每個人看待它的方式也各不相同。B用他人中心的方式思考，因此是這麼理解這件事的：

●仰賴哥哥處理，因此覺得「自己輸給了哥哥」。
●看見哥哥洋洋得意的表情，感到很不甘心。
●覺得欠哥哥一份人情，在哥哥面前抬不起頭，因此越來越沒自信。

那麼，如果換作自身中心的方式，B可以如何理解這件事情呢？

首先，自身中心的人能夠接納自己的感受：

「原來，現在的我還是很害怕跟隔壁的男主人說話。」

「接納自己」，本身就是一種正面的行為。

只要能夠肯定自己「恐懼」的感受，就能夠思考：

「我應該去拜託別人幫忙。」

這也是正面的想法。

假如哥哥因為這件事表現出洋洋得意的態度，那也是「哥哥的自由」，B沒有必要為此看輕自己。

不如說，正因為可以把自己和哥哥分開來看待，認為「要怎麼想都是哥哥的自由」，這件事就不會減損B的自尊了。

如果一心想和哥哥比出勝負，B會覺得「做不到這件事」的自己是輸家。

不過，只要能完整接納自己的模樣，在持續練習接納自己的過程當中就可以逐漸淡化輸贏意識，在接納自己的同時也肯定哥哥的自由：

「或許哥哥選擇用和人比較輸贏的方式生活，那是哥哥的自由。我選擇拋棄比較意識。」

以這種自身中心的方式看待這件事，可以拉開與哥哥之間的心理距離，B心裡會比較輕鬆。

B也會因此認為「成功向人求助」比起輸贏問題更加重要：

「雖然我感到很害怕，不過在害怕的時候還懂得跨出一步向哥哥求助。」

如此一來，B就能夠肯定自己的行動，覺得：

「我能夠勇敢拜託別人幫忙，我做得很好。」

這時候再對哥哥表達感謝，說聲：

「謝謝你！」

更能夠進一步提升B的自信心。

即使自己心裡仍然潛藏著「都是因為我做不到，才需要拜託別人幫我解決」的自卑心態，但向對方表達謝意，也擁有減輕這方面心理負擔的效果。

事實上，只要接納感到「害怕」的自己，我們就能發自內心向對方說出「謝謝」。

透過這句感謝的話語，我們自己感受到的是「自信心」。

當內心產生負面情緒的時候，只要你接納它，它就會成為你的力量。

有了這樣的力量，B就能坦率地對哥哥說：

「我很害怕，不敢自己去跟對方談，所以這件事就拜託你了。」

事後B也能夠坦率地向哥哥道謝。

這種坦然，源自於我們的自我信賴感。

學習用自身中心的方式看待事情，即使發生了糾紛，我們也能視之為「自我鍛鍊」的一個課題。

「一旦拒絕，我和對方的關係就會惡化」，真的嗎？

不敢拒絕的人深信：

「一旦拒絕對方，我們之間的關係就會惡化。」

除了關係惡化之外，同時也擔心拒絕會引發爭執，而爭執必定會使得自己受到傷害。

這樣的人極端害怕受傷。除此之外，也有人出於體貼對方的角度這麼想：

「人家一定是感到困擾才來找我幫忙，拒絕他也太可憐了。」

「我不想傷害到對方。」

這麼一想，實在不忍心拒絕。

這是因為我們一直忘不掉從前遭人拒絕而受到傷害的經驗，深信拒絕一定會傷到對方，因此彷彿能切身感受到對方的痛苦。

在害怕受傷的同時，我們卻又因為答應了對方的要求而後悔，責備當初不好意思拒絕的自己。

而且，有些人在這時候並不會反思自己為什麼不敢拒絕，而是感到生氣：

「連這種事都叫我幫忙做，他輩分明明比我還小，未免太囂張了！」

擅自猜測對方的心態，認為對方瞧不起自己、看輕自己、把自己當成傻子，甚至還會越想越氣憤。

不敢拒絕的人，就是不敢拜託別人幫忙的人

這樣的人也不敢「拜託」別人幫忙。

「萬一拜託別人卻遭到拒絕，會讓我很受傷。」

一想到要請求別人，這種人首先想起的就是受傷的可能性。

所以為了不讓自己受傷，才會設下「打從一開始就不要依賴別人」的防線。

曾經因此而受傷的人們，會下意識以「是否遭人拒絕」來衡量自己的價值。如此一來，遭到拒絕的時候他們不僅感到受傷，還會使得自我價值感越發低落。

就像有人來拜託自己幫忙的時候一樣，自我價值感低落的人在自己需要尋求協助的時候也會往負面方向猜測對方的心思，容易懷疑對方瞧不起依賴別人的自己。

而且，這樣的人由於認為自己是沒有價值的人，容易產生自卑的想法：

「像我這樣的人，有資格拜託別人幫忙嗎？」

「讓對方為我這種人撥出時間，也太不好意思了……」

也有可能乖僻地認為：

「反正像我這種人，一定沒有人願意伸出援手。」

也有人認為，依賴他人幫助會導致自己的能力遭人懷疑，因此覺得拜託別人很「丟臉」：

「人家是不是覺得我在偷懶，明明努力一點就能獨力完成，卻還要找人幫忙？」

這樣的人深信，一旦拜託別人幫忙，就等於暴露出了自己辦事能力低落的事實。這也是因為內心原本就缺乏自信，所以才會產生這種想法。

無論如何，上述這種自我價值感低落的人，不僅是「不敢拒絕的人」，同時也是「不敢拜託的人」。

不敢拜託、不依靠別人幫忙的人，也一樣害怕受傷

「靠別人幫忙太麻煩了，反而浪費更多時間。」

也有不少人抱持著這種想法，不願拜託別人，寧可獨自把所有事情完

成。許多人認為這是「自立自強」，你是不是也認為一邊忍耐、一邊憑著自己一個人的力量達成目標就等於堅強獨立呢？

人們普遍認為「獨自從頭忍耐到尾把事情做完」是一種優秀的成就。當事人獨自堅持到底的耐力和毅力，確實是比任何人都要優秀沒錯。

但是請你先把手放在胸口，確認自己內心的感受。

有人請你幫忙的時候，你有辦法爽快答應，或是不抱任何罪惡感地拒絕對方嗎？

當你需要別人幫助的時候，有辦法坦率地拜託別人，即使遭到拒絕也坦然接受，不對對方懷抱惡意嗎？

表面上看起來堅強獨立的人，說不定其實也一樣害怕受傷，一樣不好意思拒絕別人的請求，一旦拒絕別人一樣會良心不安，也不敢主動拜託別人幫忙。

「不想受傷」是普世共通的想法，因為不想受傷，我們才會害怕「拒

絕」、不敢「依賴」。

「不會啊，我敢拒絕別人，拜託別人幫忙也沒什麼啊。」

以前有位男性這麼說。不過仔細一看他平時的言行，卻不是這麼回事。

比方說，有人拜託他：

「這件事可以麻煩你嗎？」

他會語帶責備地說：

「你看也知道我現在沒空吧！」

在應該拜託別人幫忙的時候，他也是單方面地用命令的語氣說：

「這個，你幫我做。」

這時，假如對方問：

「馬上就要嗎？」

他會帶著否定對方的態度，用高壓的方式說：

「廢話，就是急著要才叫你做啊。」

這樣的人，其實正是極端害怕受傷的人。

因為不想受傷，所以他不惜採取高姿態先發制人，也要迫使對方服從他的要求。

為什麼對話無法形成順暢的傳接球，而是「單方面」的指令

只會單方面命令別人的人，無法和對方面對面進行溝通。下命令的時候、頤指氣使的時候、嘀嘀咕咕抱怨的時候，都是在對方背後或旁邊，在不對上視線的情況下開口。手邊一邊做著工作，一邊自言自語似地，刻意用對方聽得見的音量碎碎念。

這樣的人不曾與人進行過對等的溝通，在親子關係和家庭關係中沒有機會學習到這些，由於缺乏經驗而無法在日常生活中實踐溝通技巧。

對話的傳接球，就像打棒球一樣。

我們永遠不知道球會從哪個方向過來。

一旦球飛過來了，我們就得即時反應。

沒打過棒球的人，一看到球飛過來也不知道該怎麼辦，只能嚇得後退或僵在原地不知所措。

缺乏棒球的相關知識和實戰技能，我們就沒有辦法臨機應變、處理問題，就像從來沒有練過揮棒的人，即使球飛到眼前也不知該怎麼打才好。

由於下意識對於這點有所自覺，所以這樣的人才會打從一開始就不留情面地說：

「你想也知道這種事不應該找我幫忙吧！」

假如選擇傾聽對方說話，那麼就必須在對話途中回應對方，當中也有許多考驗即時反應的時刻。當對方問：

「這個該怎麼做？」

這時候假如內心沒有餘裕，又只學習過與人相爭的說話方式，難免下意識以粗暴的語氣回應：

「這種事幹嘛問我，我哪知道啊。」

而沒有辦法用體諒對方的方式回應：

「現在我沒辦法立刻下判斷，給我一點時間好嗎？」

除非平時經常留意自己的感受和意志，否則在對方要求我們做出判斷、詢問「那你覺得呢？」的時候，我們也回答不出個所以然。

這種情況下，採取立刻切斷對話的方式回應反倒有幾個好處：

- 不必與對方溝通。
- 不必左思右想。
- 能夠一舉避開對方的反擊。

「說出自己的想法會導致關係惡化」是一種誤解！

他人中心的人總是把注意力放在對方身上，因此容易不知不覺間與對方競爭，下意識把贏過對方當作自己的目的。

當我們把「贏過對方」視為目標，「解決問題」就會排到第二、甚至第三順位去了。

和對方處於競爭關係的時候，即使對方說得有道理，我們也會下意識想要反對；假如雙方的重點都不是「解決問題」，爭論下來很容易連具體的解決方案都提不出來。

當然，就算吵到一半發現自己有錯，為了面子我們不可能主動認輸，也不可能直率地道歉。

尤其道歉就代表著「投降」，對於在乎輸贏的人們來說，投降就等同於「無條件服從、屈服於對方」，當然覺得自己絕對不可以輸。

另一方面，自身中心的人則是把注意力放在自己身上。因此比起別人做了什麼，他們更關注自己的內心，察覺「自己的感受、情緒、意念」，願意珍惜自己感受到的一切。

有了這樣的意識為基礎，他們在乎的不是爭贏對方，而是把重點擺在「滿足自己的內心」。

萬一發生了不好的事，自身中心的人會這麼想：

「該怎麼解決這件事，我自己才會滿意、才能夠接受呢？」

或是這麼思考眼前的問題：

「我該怎麼做才能消除自己內心的疙瘩，讓自己的心情得到解脫呢？」

因此在表達想法的時候，他們也會跟隨自己內心的感受，以「滿足自己、消除自己心裡的芥蒂」為目標。

大多數人一定都有過這樣的經驗：

● 無論怎麼表達自己的想法，大家都不願意理解、承認我。
● 越堅持自己的主張，越是導致自己和對方、以及周遭的關係惡化。

可是，事情絕對不是因為你表達了自己的想法才演變成這樣，而是我們還沒有具體學會保護自己的技能，以及為自己帶來滿足感的表達方式而已。

當有人拜託你幫忙，你該做的第一件事是「把感受轉化成語言」

養成他人中心的心態，容易不知不覺採取具有攻擊性、居高臨下的態度說話，因此容易和別人發生摩擦，越來越害怕「表達、拒絕、拜託別人」。

與此相對，自身中心則是把意識朝向自己，自然也就減少了他人中心的說話方式。

有人拜託我們幫忙的時候，我們該做的第一件事是傾聽對方說話，同時感受自己現在是怎麼想的，以便掌握自己的感受。比方說，我們在對話過程中察覺到自己以下的感受：

- 我理解對方想說什麼。
- 我想幫助對方。
- 從對話中感受到對方全面的期待，因此覺得有壓力。
- A和B方面可以爽快地幫忙。
- C方面無法立刻決定，需要考慮一下。
- 聽到對方說「現在就需要幫忙」，覺得好像在催促自己。

接下來，只要把這些想法轉化成語言就可以了。

「我能夠理解你想說什麼，我也一直都對你印象很好，所以希望盡可能能幫上你的忙。可是聽你的說法，好像期待我也全面投入參與這個案子，這我實在沒有辦法做到。

A和B方面我可以幫忙沒有問題，至於C方面無法現在決定，請讓我考

慮一下。

說『現在就需要』聽起來好像有催促的意思，讓我覺得壓力很大，我希望能以自己的步調行動，所以詳情請讓我後續再跟你討論好嗎？」

就像這樣，盡可能釐清自己的感受，然後用語言把它表達出來。在自身中心心理學當中，我們把這個過程稱為「自我表達」。

為什麼叫做「自我表達」呢？因為過程當中所有的出發點，都是「為了我自己好」。

用言語把自己的感受表達出來，能夠為我們帶來滿足感。

透過表達，自然能夠消除內心的疙瘩和累積的不滿。

為了不在心裡留下負面的感受和情緒，我們選擇把想法表達出來。

這麼做能夠拯救自己的內心，不必在心中一直懷抱著不滿的情緒，所以也就不用把「贏過對方」當成目標。

表達出自己真實的感受，就能逃離「輸贏相爭」的世界

「我所做的一切都是為了滿足自己的內心，拯救自己的心靈。」

以這樣的態度為出發點，自然就會淡化我們想要和對方競爭、逼迫對方接受自己主張的想法。這是因為我們能夠切身體會到表達自身想法所帶來的「滿足感」。

這只是理想的情況，不必立刻做到完美。

「如果能慢慢學會這種說話方式就太好了。」

只要你能以這種方式把這件事放在心上，那就已經足夠了。

「我要盡可能用順從自己內心的方式說話。」

光是做了這個決定，你是否也覺得內心充滿力量，有了堅定的信念呢？

或許也有人會這麼反駁：

「可是只關注自己的需求，一定會傷害到對方的。」

會這麼說的人，想必沒有體會過坦率表達自身感受時帶來的滿足感，以及「自我表達」給對方帶來的正面反應和影響力。

反過來說，傾向於這麼想的人，說不定就是深陷於他人中心的心態當中，在與人針鋒相對的過程中患得患失地在乎輸贏的人。

「自我表達」與這種輸贏相爭的世界無緣。

越懂得自我表達，你會越想離開與人相爭的世界，因為你會慢慢開始體會到，我們不必與人爭執也能「清楚說出自己的感受」。倒不如說，不爭執反而能表達得更加清楚呢。

另外，當我們確信避免爭執、又能說出想法的表達方式真的存在，也更能鼓起勇氣下定決心：

「我也要努力把自己的想法說出來！」

新的點子也會一一浮現腦海：

「下次試著用這種方式表達看看吧。」

你會越來越期待挑戰下一次的自我表達。

「自我表達」，提升你的自我肯定感

持續練習「自我表達」，也能提升我們的自我信任感。

因為在自我表達的過程當中，我們學會聚焦於自己「成功做到」的事情，而不是責備自己哪裡做得不夠好、否定自己。

- 我決定要順從自己的感受行動。
- 我坦然說出了自己的感受。
- 我覺得說起話來更輕鬆了。
- 我透過自我表達維護了自己的堅持。

這些都是我們「成功做到」的事情，用這種方式看待自己，自我肯定的想法自然也會像湧泉一樣源源不絕地冒出來。

而且，當我們聚焦於「我做到了這件事」，內心也能實際體會到「完成這件事真是太好了」的感受。

這是一種積極正面的回饋感。

幾乎沒有人注意到這種回饋感的重要性與功效。之所以說它重要，是因為每一次的正面回饋，都與「自我肯定感」有著同等的效果。

自我表達的主要目標是「重視自己，消除自己內心的芥蒂，滿足自己的心靈」。當我們實際體認到自己完成了自我表達，這件事本身就能提升自我肯定感。

每一次進行自我表達，都能帶來積極正面的回饋感：

- 把想法說出來真是太好了，讓我鬆了一口氣。
- 我很高興能排解自己的感受，消除自己內心的疙瘩。
- 我很高興能夠順從自己的心做出決定，為自己帶來滿足感。

● 我很棒，我懂得珍惜自己。

即使沒有說出口，產生這些積極感受的同時，我們等於是在肯定自己。這些肯定一點一滴累積起來，就能構築起「自我信賴」。

這就是「自身中心的自我表達」，與下意識以贏過別人為目標的「他人中心」自我主張最不一樣的地方了。

從這個角度來說，**自我表達可以說是提升自我信賴感最簡單有效的方法。**

因此我們可以非常肯定地說，「自我表達」不是為了任何人，而是為了「我自己」。

第五章

如果你覺得
「我負不起這種責任……」
而不敢答應

那你應該要知道，
「接受」和「拒絕」其實是一體兩面

日本人一直都沒有「自我表達」的風氣

夏目漱石的小說《草枕》，開頭是這麼寫的：

「理智處世則不近人情，感情用事容易隨波逐流，堅持己見則處處碰壁。人世就是如此不宜人居。」

這段名文精準寫出了日常生活和人際關係的困難。

而且，「他人中心的世界」還真的就是這麼不宜人居。

自古以來，我們日本人的文化就與「他人中心」密不可分，然而越是以他人中心的心態處世，「理智」、「感情」、「堅持」就越容易彼此衝突。

時至今日，這種傾向依然沒有改變。不僅如此，比起夏目漱石的時代，現在我們生活在更加資訊爆炸的社會，深陷於他人中心陷阱當中的人們更容易被紛雜的情報弄得暈頭轉向，活得越來越辛苦。

日常的人際關係當中，「拒絕」和「請託」這兩件事特別讓我們傷透腦筋。即使內心想拒絕，許多人也會因為擔心關係惡化，而選擇硬著頭皮答應下來。

然而，人際關係之所以惡化並不是因為我們拒絕了對方，而是因為表達方式不恰當。如果有辦法採取不破壞關係的說話方式，肯定也有不少人會轉而選擇拒絕。

用夏目漱石的說法就是，「理智」、「感情」、「堅持」絕對不是非得彼此衝突不可。

可以說「理智」、「感情」、「堅持」之所以在我們心中僵持不下，是因為我們並不重視自己的感受，而且也不擅長「自我表達」，無法用言語把自己的感覺表達出來。

倒不如說，我們應該更重視自己心中的「理智」、「感情」、「堅持」，才有辦法建立起溝通良好的關係。

把自己的心當作判斷標準，用自我表達的方式拒絕、答應、拜託別人，不僅是珍惜自己的表現，同時也能照顧到對方的感受。

因為以得失、道義、人情去思考，
所以才會迷失自己的感受

許多人都說：

「我不知道該用什麼標準，判斷這種時候該拒絕還是該答應比較好……」

這麼說的人，比起自己的感受，肯定更在乎與對方之間的關係。可是越去考慮和對方的關係，反而越讓人迷惘，不知道該以什麼標準做決定才好。

當中也有人會想：

「該怎麼做對我比較有好處？」

不是跟隨內心的想法，而是理性計算損益得失，為了利益上的考量而答應幫忙別人。

「他平常對我那麼親切，我不好意思拒絕。」

「我很想拒絕，但丟下對方自己一個人想辦法也太可憐了。」

也有人會像這樣，輸給了道義人情而選擇答應別人的請求。乍看之下，重視情義是很有人情味的表現，但這也有個限度。

若是忽略自己的需求，把道義和人情擺在第一位而壓抑自我，憋到最後往往會演變成引發糾紛的導火線。越是深陷於他人中心心態的人，越容易因為過於在乎他人，而忽視自己的感受和情緒。

這就是壓抑、扼殺自我的狀態。無論多麼堅忍不拔的人，也不可能一輩子無視自己內心的感受活下去，這種扭曲遲早會在某些契機之下浮出表面。

不僅如此，**由於忽視自我、不斷忍耐，內心的不滿不斷堆積，反而使得我們在拒絕、拜託別人的時候採取高壓、攻擊的方式說話，導致人際關係惡化……**這可以說是最常見的事態發展了。

肯定內心的「恐懼」，它就只會帶來正面效果

相反的，自身中心永遠以「自己的感受和情緒」為基準去判斷、選擇。

這也是自我表達最根本的核心。

當然，這並不代表我們無論如何都要把自己擺在第一位。

這是把焦點擺在哪裡的問題。

差別只在於以自己為基準，還是以他人為基準而已。

當我們把他人當作判斷基準，碰到「想拒絕卻沒有拒絕」的情況，我們會覺得自己沒出息，忍不住責備自己：

「我好沒用，居然不敢拒絕。」

同樣的情況發生過幾次之後，很容易因為過度在意對方，而越來越不敢表達自己的感受。

換成自身中心的心態，即使在「其實我很想拒絕，卻不敢說，最後還

是答應了」的情況之下，我們還是能夠接納自己的感受。

「雖然想拒絕，但原來拒絕比起答應更讓我害怕。」

自身中心的想法，能夠像這樣接納自己內心的恐懼。

坦然接納心中的恐懼，也就代表我們不必否定自己。

事實上，根本沒有必要因此自我否定，畢竟不敢拒絕並不是因為我們能力不足，只是還沒有學會拒絕的技巧而已。如果過去從來沒有機會學習這方面的技能，無法自在地拒絕別人也是理所當然的事。

既然只是「還沒學會」，我們也就可以單純地想，「那我從現在開始學習就可以了」。

只要以此為目標，「一次一小步，慢慢學習以不引起摩擦的方式拒絕別人」，相信你也會從中獲得成就感的。

要做到這一點，首先要從根本的想法開始改變。

「想做這件事的時候，我才答應。」

「如果不想做，我會老實拒絕。」

必須像這樣下定決心：

「從今以後，我在做決定的時候會把自己的感受和情緒當作基準。」

這是練習好好拒絕的先決條件。

真的有什麼事情，是「再怎麼忍耐也必須要做」的嗎？

「居然把自己的感受當成判斷標準，太誇張了，這樣怎麼可能在社會上生存。」

一聽到「自身中心」就想這麼說的人，正是從來不曾實踐自身中心心態的人。

這類人反而更難以解決問題，他們往往有著源源不絕的煩惱和糾紛，總是重複著碰到阻礙之後再採取行動的惡性循環。

「可是問題涉及到各方面，本身就很複雜啊。」

這類人或許會這樣反駁，但也可以說這只是因為自己沒有及早處理問題，甚至把周遭的人也捲入問題當中，導致簡單的問題也變複雜了。

而且，奇妙的是：

「在社會上，無論如何也必須強迫自己完成的事情，肯定比不用忍耐的情況多太多了吧。」

你有沒有發現，越是堅持這點的人，就越傾向用情緒化、具攻擊性的態度說話呢？

比方說，前幾天我在店裡聽到一對母女的對話。女兒大約是念國小的年紀，好像忘了帶什麼重要的東西。一發現女兒忘了東西，母親就說：

「我不是跟你說過了嗎？你是不是都沒在聽？要帶的不是那個啊，為什麼你沒有事先確認過？所以媽媽就跟你說了不是那個，還聽不懂嗎！真受不了，你這孩子老是這樣！」

媽媽在短時間內，反覆說了好幾次類似的話。若是一直注意他人的言行舉止，以監視的心態指謫別人「沒有做好的事情」，自然而然就會用這種語氣說話了。歸根究柢，上述這段發言並沒有解決問題的意圖，只是把自己負面的情緒發洩在女兒身上而已。

女兒對此似乎也已經習以為常，聽著母親的訓話，把頭垂得低低的，一句話也沒說。

不下指示、不命令，就連小孩子也能好好負起責任

從對話內容推測，這件事本來就是孩子自己的事情。既然如此，這件事情的管理責任就在孩子身上。

孩子忘記帶東西，已經切身體會到了這項行為的「後果」。因此，父

母親不需要落井下石，用情緒化的責罵把孩子逼得更加絕望。

而且，一旦父母親採取攻擊的態度，孩子的注意力並不會放在「如何負起責任」，只感受到對父母的負面情緒，反而導致孩子學不會「為自己負責」。

因此，父母親如果希望孩子認知到自己的責任，應該這麼說：

「這樣啊，太可惜了。那我們先回家去拿，再一起過來好不好？」

這句話單純是母親的意見和請求，建議孩子：「這麼做怎麼樣呢？」即使沒有明說，語句當中也隱含了「如果你要再過來一趟，媽媽也會幫助你」的訊息。

這麼一來，孩子或許也會回答：

「我知道了。那我想回家拿東西，媽媽可以再陪我來嗎？」

這也是孩子自己對母親提出的請求。

或者孩子也可以選擇拒絕：

「媽媽說得對，只能回家拿了。可是我可以自己一個人過來，媽媽不用陪我沒關係。」

這件事本來就是孩子自己的問題，和母親沒有任何關係。

因此，母親不能擅自入侵孩子的領域，對孩子做出指示或命令。嚴格來說，母親擁有的選擇權只有「要不要幫助女兒」而已。也就是說：

- 雙方都承認彼此的自由。
- 不擅自闖入對方的領域。

把這兩個原則放在心上，自然就會採取以下的表達方式。

母親基於自己的感受和想法做出判斷，如果覺得「我不想幫忙」，可以拒絕協助女兒：

「那我們先回家好嗎？不過媽媽今天已經沒有時間了，你可以自己再過來一趟嗎？」

或者也可以主動提議：

「媽媽想要改天再來，你覺得呢？」

用這種方式表達，孩子非但不會對母親抱有負面的情緒，而且還可以遵循內心的感受決定自己的行動，因此獲得成就感。母親幫助了孩子解決問題，也能夠獲得滿足感。

雙方透過這樣的互動，才能夠培養親子之間的信賴關係。

之所以單方面發號施令，是因為沒有建立對等關係的自信

有些人總是態度強硬地堅持自己的主張，由於缺乏同理心而不假思索地拒絕別人、毫不顧慮對方的感受，逼迫別人接受自己的要求。看到這樣的人，你是不是也覺得他們厲害又強大，忍不住感到羨慕呢？

一般來說，很容易認為這種人的能力特別優秀，但其實他們正是在對等的關係當中「不敢拒絕、不敢尋求幫助」的人。

在前文的例子當中，母親可以語帶責備，單方面地命令孩子、對孩子發號施令、禁止孩子做出某些行為，卻沒有辦法在對等的關係之下，與孩子心平氣和地溝通。

萬一對方反抗、出言反駁，他們不知道該怎麼應對，不懂得恰當的回答方式，也沒有學過不引起摩擦的說話技巧。這樣的人害怕與對方溝通，卻又總是不小心用挑起爭端的語氣說話。

所以才寧可先發制人，單方面強迫對方接受自己的要求，用情緒化的態度或威脅的手段，迫使對方接受自己的主張。

注意力在自己、還是在對方身上，決定了你的說話方式

前文也提過，他人中心和自身中心的說話方式，打從開口的那一瞬間就不一樣了。他人中心由於把意識擺在對方身上，自然也就形成了「你總是、你為什麼、某某人總是……」的說話方式。

在開口說話之前，浮現在腦海中的想法和對話內容，就已經充斥著「你總是、你為什麼、某某人總是」，「這個人都、他根本、那傢伙……」。

因此，用字遣詞也一定是：

「你怎麼會做出這種事？」

「你難道不知道這樣會產生什麼後果嗎？」

「你為什麼老是連主管吩咐的事情都做不好？」
「這樣根本行不通，都跟你講過幾次了，真的很會給人找麻煩耶。」
「這麼簡單的事情本來就該會，現在的年輕人連基本常識都不懂？」
「你到底在想什麼？」
另一方面，自身中心則是把意識集中在自己身上，因此說話方式也是「我認為、我覺得、我想……」浮現在腦海中的想法和對話內容，也從一開始就以「我想、我覺得」出發。
順著這樣的思路開口，說出來的話必然也是這樣的：
「我認為，這件事這樣處理比較好。」
「繼續採用目前的做法，我覺得很可能會發生這樣的問題……」
「或許有些人不太滿意，但這件事已經由我這個主管拍板定案了，所以希望你可以繼續照著進行。」

「有些地方你好像沒有完全理解，我想再跟你確認一下可以嗎？」

「關於這件事，你可以用某某方法處理嗎？如果有不懂的地方可以隨時問我（我很樂意詳細說明）。」

「我很想知道你是怎麼想的，可以跟我說說你的看法嗎？」

很單純地，光是自己的注意力落在哪裡，幾乎就決定了我們一開口會怎麼說話。第一句話的表達方式確定下來之後，也決定了下一句話該怎麼接續，對話就這麼一句一句串接下去。到了最後，兩者分別會發展出什麼樣的對話，想必各位讀者都猜得到吧。

建立良好關係的「自我完結表達法」

自我表達的基礎非常簡單。

基本句型是：

自身感受的言語化＋意志

只要釐清自己的「意志」，並且清楚地表達出來，這個意志就達成了「自我完結」的效果。重點並不在於把意願表達給對方知道，而是在於我們自己為自己做了決定。由於自身保有明確的意志，我們也就能夠自給自足，不會對對方有所要求。

這種自我完結的表達方式，可以為我們帶來自信心和滿足感。

舉例來說，把注意力集中在自己的感受上面，我們會這樣說話：

「媽媽，我知道你很擔心我，可是這是我自己的事情，我想要自己做決定。」

「對於這件事最煩惱的不是別人，正是我自己，所以我現在不太想多談。」

「我沒有辦法給出爸爸你期望的答案，所以關於這點，希望你還是放棄吧。」

「無論你怎麼說，我已經不會再服從你的命令了。」

「這樣繼續講下去也只會吵起來，我現在就先不說了，等我們冷靜一下再談吧。」

「我知道你心裡一定很不安，可是我也覺得很難受，所以現在不太想說話。」

就像這樣，釐清自己的「意志」，用「自我完結」的方式表達出來，立刻就能感覺到自己的心情變輕鬆了。

拒絕對方的時候，也可以這麼說：

「我沒有辦法馬上過去，但等我把手邊的事情忙完可以幫忙。」

「我之後還有事情，大概還剩下一小時的時間，如果你不介意時間太短的話可以跟你談談，你覺得如何？」

「我這禮拜完全沒空耶，不過下週○和週○可以。」

「我沒有辦法馬上給出答覆，這件事我想仔細考慮一下，可以給我一點時間嗎？」

如果希望能幫上對方的忙，也可以直接表達出自己的心情：

「我很願意幫助你，如果有需要幫忙請跟我說。」

只要說出口，就能消解自己「想要幫助對方」的感受，同時這也是對方的一種「請求」。

就像這樣，用「自身感受的言語化＋意志」的公式進行自我表達，就能讓心情更輕鬆，同時帶來滿足感。這是因為，把自己內心的想法和感受用話語表達出來，有著幫助我們「自我肯定」的效果。

「我覺得～」是自我表達的基礎

「自我表達好難喔，在對話的當下不知道該怎麼說，覺得頭腦好像打結了。」

很多人都有類似的困擾。也有人抱怨：

「說話之前必須轉換措辭，讓我覺得很混亂。」

「我會一下子他人中心、一下子又轉換成自身中心，到最後自己都搞不清楚了。」

這是很自然的現象。

他人中心的人在想事情的時候，往往以「你總是、他總是」這種第二、第三人稱開頭，並不會以「我想……」為出發點思考。把這樣的思路直接說出來，必然會形成這樣的語句：

「所以你就是沒用啦。」

「你只要閉嘴乖乖照做就好了。」
「那個人每次都這樣。」
「大家一定也都這樣想啊。」
就像這樣，下意識採取了否定、批判、攻擊別人的說話方式。

反過來說，當我們慢慢習慣以自身中心的方式思考，在想事情的時候也會從「我」的視角出發。

由於腦海中的思考模式也是以「我」開頭，更有益於察覺自己的感受，把想法直接說出口的時候，自然也就形成了如下的說話方式：

我認為～。
我的想法是～。
我覺得～。
我想～，不想～。

當「我」擁有了「意志」，則會形成這樣的句型：

我要做～，不做～。

我打算做～。

我決定要～。

「他人中心」的說話方式不允許對方反駁

具體比較一下吧。

以下兩種說話方式，寫成文字或許感受不到太大的區別：

A「你到底在想什麼？」

B「我想知道你在想什麼，能不能把你的看法告訴我呢？」

不過，發出聲音念念看，你一定也能感受到兩者背後的意識有所不同。

A是他人中心的說法，把注意力集中在對方身上，語氣也透露出否定、斥責對方的意味。表面上看來似乎在等待對方回答，但實際上感受得到說話者要求對方配合自己的意圖。

由於一開始就不允許對方反駁，要是對方以「我不想說」之類的反抗態度回應，一定會使得A更想予以反擊。對方想拒絕也不行，只能默默忍耐。

當然，對方到了最後忍無可忍，一定也很想生氣地回罵：

「囉嗦死了！給我閉嘴！」

使用A方式說話的人，心裡並不是沒有想要幫助對方、互助合作的想法。然而，**他人中心的說話方式除了引起對方不快之外，也會挑起自己內心的負面情緒**。

因此，「我感到非常不愉快」的心情，壓過了「我想幫助對方」的心情，結果很容易導致當事人的心態變成：

「你要負責解決我的不愉快（我才不想管你有什麼煩惱）。」

「對方非得給出我想要的回應不可。」

假如從一開始就抱持著這樣的心態，那麼除非對方屈服，否則我們是不可能感到滿足的。

這就是許多他人中心的人經常感到不滿的原因之一：他們沒有意識到「對方擁有選擇的自由」，而是想把「對方應該要照我的意思去做」這種不講理的要求強加到對方身上。

「自身中心」的表達方式，帶來「表達了自身感受」的喜悅感

另一方面，B的說法聽起來則是：

「（因為想幫助你，所以）我想知道你在想什麼，能不能把你的想法告訴我呢？（當然，如果不想說的話我也不會強迫你，你不用擔心）」

語句當中，只有純粹的「我想幫上你的忙」的心情，沒有強制對方照

著自己的意願去做，而是在尊重對方的同時表示：

「如果（你）願意信任我、告訴我的話，我會很高興的。」

因此說完B這句話之後，說話者的心情是這樣的：

「我能把『想要幫助你』的心情傳達給你，真是太好了。」

這樣的表達方式，已經達成了自我完結的效果。

說出自己的感受，達到圓滿完結的效果，才能帶來「我能把自己的感受傳達給對方知道，真是太好了」的安心感和成就感。

之所以能夠這麼想，是因為其中有著對對方的尊重，「對方要不要答應我的請求，全權交由對方判斷」，發自內心肯定對方選擇的自由：「如果對方不想說，那就不要說也沒關係。」

正因如此，對方也能懷著坦然的心情，心平氣和地拒絕：

「我現在不想說。」

不過，即使對方在這時候表示「我不想說」，實際上雙方在這個時間

點，也已經達到了「互通心意」的效果。

最重要的，並不是想盡辦法強迫對方說出原因或理由。

比起找出原因或理由更重要的，是一顆承認對方的自由、尊重對方意願的心。

這時候，彼此的內心產生共鳴，我們自然會以平和的心情回答對方：「我知道了，如果你之後願意談，可以隨時再跟我說喔。」

透過這種正向的互動過程，就能一步步建立起溝通良好的關係。

許多人說自己「不敢拒絕別人」的時候，都認為問題在於「是我自己不敢拒絕人家」。但正如大家在前面的例子當中所看到的，無法拒絕往往不是你自己一個人的問題，而是來拜託你的人也沒有承認你「擁有拒絕的自由」，兩者相互作用之下導致我們更難以開口回絕。

瞭解了這個道理，我們就沒有必要一味斥責、否定「不敢拒絕」的自己了。

上司或同事約吃飯，該怎麼拒絕才不會在心裡留下疙瘩？

在職場上，上司或同事來約吃飯的時候，萬一你不太想跟對方出去，以下三種是最有代表性的拒絕藉口：

「我身體不舒服。我晚點有事。我跟人有約了。」

被同一個人用類似的理由拒絕三次之後，大多數人都會知難而退，不會再厚著臉皮來邀請你，不過也很有可能留下「原來我被討厭了啊」的印象。

假如那是你不太想往來的對象，用這種方式拒絕不至於重傷對方的自尊，的確是比較安全的做法。

可是如果你一點也不討厭對方，只是沒有投緣到下班之後還想一起去吃飯喝酒的地步，這時難道就沒有更妥善、更不會傷害對方的表達方式嗎？

儘管沒有明說，他人中心的表達方式是這樣的：

「（如果是我有好感的人，我當然想去，但是）我不想跟你去。」

這麼說等於表達出「我討厭你」的訊息。

職場上的上司、同事天天都會見面，人與人之間的距離因此更加難以拿捏。一旦太過靠近，反而更難維繫良好的人際關係。

平時就習慣忍耐的人，就算不想跟同事出去應酬，但由於擔心被大家孤立，往往寧可壓抑自己的感受，表現出迎合的態度。可是，人不可能二十四小時不斷地迎合別人。

在這種負面的關係之下，雙方要是不知不覺縮短了距離，最後我們會以「爭執」的形式突然把對方推開。

這也可以說是一種「粗暴的拒絕方式」。

負擔過大只會造成爭執，所以在「能力所及的範圍內」幫忙就好

自我表達的另一個核心是，「有多少能力做多少事」。以自己的感受和想法為基準，每當發生事情的時候仔細觀照自己的感受並加以確認。判斷標準在於：

「盡可能不做自己覺得有負擔的事情。」

這是因為一旦無視這一點，自己肩上的負擔越來越沉重，就很有可能導致壓力在某處爆發而釀成爭執。

我們甚至可以說，爭執幾乎都是在這種負擔增大的時候發生的。一旦發生糾紛，和對方之間的距離也會一口氣拉遠。

如果距離真的因此疏遠也就罷了，但有時候，我們在心理上會開始「不斷介意對方的一舉一動」，反而以負面的方式縮短了與對方之間的距

離。因此，爭執也可以說是一種「粗暴的拒絕方式」。

現代社會上激烈的爭端不斷增加，這正顯示出大家都越來越不懂得以適當的方式拒絕、拜託別人了。

採用自身中心的心態，我們就能坦率地表達自己的感受。

比方說受人邀約的時候，不妨坦白說出自己的情況和心情：

「謝謝您的邀請，可是今天難得重要的案件告一段落，我很想快點回家休息。」

「我累積了很多想在家做的事情，想要回家好好處理，不過真的很謝謝您的邀約。那我就先回去了。」

「很久沒有在家好好做喜歡的事情了，今天好不容易有機會早點回家，我一整天都在期待呢。」

如果是同事或後輩，也可以不用說得那麼拘謹：

「我今天已經跟小孩約好了耶，所以要先回家了。」

「我今天很累了，所以想回家好好休息，我們可以下週再約。」

不用避諱用私人的理由拒絕。倒不如說，我們都需要妥善區分工作和私人時間，屬於自己的時間也必須好好重視才行。

減輕負擔，巧妙答應別人的請求

忽視自己肩上的負擔，不斷配合周遭、迎合別人、不敢拒絕，會導致負擔逐漸累積。

這種負擔並不是一時忍過去就能一筆勾消，累積到最後遲早會造成影響。

舉例來說，假設你一直忽視自己的感受，總是不敢拒絕別人，對方來拜託什麼事你都點頭答應，可是心裡其實做得很不情願，一直在忍耐。

「幫上對方的忙真是太好了，我很高興能和對方一起合作。」

由於心裡不斷忍耐，你完全感受不到這樣的喜悅。就連一起吃飯這種小事，也可能因為付帳時是各付各的、對方出錢、還是由你請客，而埋下不滿的種子。

而且，等到這種負擔累積到極限、在某處爆發的時候，總是會演變成嚴重的問題。因此，還是平常就把「盡可能不造成自己的負擔」當成判斷標準才是上策。

「拚命趕工的話我的確可以趕得出來，可是負擔太大了，這次還是拒絕好了。」

「我現在太忙了，沒有辦法幫忙。」

只要每一次都能做出不造成自己負擔的選擇，即使用上述的理由拒絕對方，還是可以告訴對方「我後天就有時間可以幫忙」、「我沒有辦法全部接下來，不過可以幫忙分擔一小部分」，用這樣的方式巧妙答應對方的請求。

當我們珍惜自己，自然就會越來越熟練這樣的拒絕方式，而這同時也是一種巧妙的「答應方式」。

如上所述，「拒絕」和「答應」這兩件事其實是一體兩面。

第六章

再也不優柔寡斷！
訓練你的「拒絕力」

掌握這些訣竅，
避免做出非黑即白的極端選擇

不聽人說話的人看起來比較「有自信」是一種誤解

某新聞政論節目當中，A和B正在進行討論。

B對於政治家的立身處世提出意見：

「一個人的出身和環境，決定了他是什麼樣的人。」

一聽見他這麼說，A馬上打岔：

「不對，我不這麼覺得。」

不過B還是繼續說下去：

「而這個人是什麼樣的人，就決定了他重視什麼樣的政策、對什麼政策有共鳴。」

A不太贊同地「嗯……」了一聲，說：

「我覺得用這種出身之類的方式去評斷一個人是不太好的。用這種方式討論出身什麼的，不是對於真的在逆境當中正在受苦的人很失禮嗎？（以下略）」

「我並不是那個意思，而是在討論一個人的價值觀會反映在他的工作上，所以必須好好地加以檢視。」

「怎麼會這樣說呢，價值觀這種東西要怎麼討論，大家都一樣只是平凡人嘛，而且在國會裡面，沒有哪個國會議員有能力看穿別人的價值觀啦。」

A和B的論點完全不同。

B說的是一個人的出身和成長環境，會影響他在政治上的決定和支持什麼樣的政策，但A從一開始就全盤否定B的論點，而且也沒有進一步詢問B的意思，而是利用自己的權威施壓，不由分說地打斷B的發言。

這種人就是「不聽人說話」的人，不過看在第三者眼中，反而覺得A「口才比較好，表現得很有自信，感覺很厲害」也說不定。

同樣地，單方面拒絕溝通、自私自利、頤指氣使，或是寧可擊垮對方也要逼迫對方接受自己的意見，這些都是「不聽人說話」的人。這樣的作風受到一部分人的肯定，認為他們具有領導特質，態度強硬、值得依靠。

在上述的例子當中也一樣，乍看之下似乎是A辯贏了B，講得B啞口無言。雖然實際上厲害的或許不是談話內容，而是A武斷的措辭、充滿自信的態度，誘使觀眾覺得「A真是不簡單」。

可是，實情正好相反。

假如面對A高壓的說話方式，B也不甘示弱地以情緒化的方式回擊會怎麼樣呢？B有可能是因為A氣勢洶洶的態度感到害怕，而選擇不再回應，但也有可能是覺得「我不想發脾氣跟對方爭吵」、「在這裡爭論也沒有用」，在理性的制止之下選擇了沉默。

在我們日常生活當中，也有不少態度強硬、堅持己見的人。其中絕大多數都採取情緒化、具攻擊性的態度，用威脅的語氣逼迫我們就範。

俗話說得好，「秀才遇到兵，有理說不清」。這句話所說的不僅是跟對方講道理不會有勝算，同時也隱含著「所以只能默默服從」的意思。

然而，與其說是「沒有勝算」，絕大多數的人都是因為不想爭吵，所以「勉強選擇讓步」而已。

你是不是也和身邊的人有過這種「互相傷害」的對話？

日常生活中，這樣的對話還真不少。

A：「我好想買那個喔。」

B：「我也有很多想買的東西啊。」

A：「那件事你幫我辦好了沒？」

B：「我哪有那個空閒時間。」

A：「好想去旅遊喔。」
B：「只會出一張嘴，最後還不是我出錢。」
A：「好累喔，難道我年紀也到了嗎……」
B：「你現在才發現？」
A：「我今天身體狀況好差喔。」
B：「誰叫你自己突然開始去慢跑。」
A：「頭好痛喔。」
B：「一定是你電動打太多了。」
A：「你不要這樣好不好。」
B：「干你什麼事？」

以上都是把注意力集中在對方身上的「他人中心」的對話。雙方都沒有傾聽對方說話的意思。

要是日常生活中充斥著這樣的對話，每一次開口都互相傷害，那我們覺得「我害怕拒絕別人，也不敢請求別人幫忙」也是理所當然的事情。

比較「他人中心對話」和「自身中心對話」，你會發現……

舉例來說，假如雙方之間是他人中心的關係，對話會是這樣的：

「你有看到平常放在這邊的××嗎？我一直找都找不到。」

「那個喔，感覺很礙事，所以我收起來了。」

「你為什麼沒跟我講就亂收？」

「還不是因為你自己不收！」

「我愛收不收是我的自由！」

「看了就礙眼啊！」

「東西礙眼就可以丟掉？」

「我丟了嗎？」

「囉嗦死了。」

「怎樣，幫你收拾還要被罵，誰受得了啊！」

就像這樣，雙方都不自覺地產生負面情緒，說著說著就吵了起來。

換作是自身中心的關係，對話則是這樣：

「你有看到平常放在這邊的××嗎？我一直找都找不到。」

「那個喔，感覺很礙事，所以我收起來了。」

「這樣啊，可是放在平常的地方要用的時候比較方便。」

「啊，原來是這樣，擅自幫你收起來不好意思。」

「很謝謝你的體貼，但××能不能放在原位？」

「我知道了，以後我會先問過你再收。」

日常生活中，隨時都會出現需要拒絕或請求別人幫忙的情況。只要雙方懷著尊重彼此的心，就能透過這些「表達、拒絕、拜託」的對話，逐漸培養出互助合作的關係。

對方不聽我說話又態度強硬，我該怎麼拒絕？①

不願意聽對方說話的人，在對話剛開始沒多久就會和對方搶話、打斷對方，試圖讓對方閉嘴。他們不願意傾聽對方想說什麼，只想逼迫對方接受自己的主張。

他們為什麼會這麼做呢？因為他們不知道在傾聽對方說話之後該怎麼做才好，也沒有和對方溝通、解決問題的能力。

歸根究柢，他們缺乏溝通、談話的技能，由於害怕事情進展到需要溝通的局面，所以才先發制人，用喝斥、大小聲、威脅等手段，一口氣阻斷和對方溝通的可能。

很巧的是，還記得本章開頭那段對話嗎？A說，「在國會裡面，沒有哪個國會議員有能力看穿別人的價值觀」，也同樣是否定對方的發言，以達到阻斷對話的目的。言下之意就像在說：

「才沒有人有那種看穿價值觀的能力，包括我自己也沒有。事到如今我一點也不想問自己有什麼樣的價值觀，而且也不想去思考這個問題。不管有沒有錯都無所謂，反正我想怎麼做就怎麼做。」

當這種人對你提出強硬的要求，即使你不想答應，在感到膽怯的時候很容易就會輸給對方的氣勢。可是萬一真的答應了，說不定更悲慘的下場還在後頭虎視眈眈地等著你。碰到這種「不敢拒絕對方，但也不敢答應」的情況，該怎麼辦才好呢？

這種時候，想要說服對方、或是猛攻對方的矛盾之處辯贏對方是沒有用的，因為他們是不講道理的人。

縱使你講得再怎麼口沫橫飛，他們也只需要說一句：

「我不想聽你賣弄那些大道理，反正你照著做就對了。」

就能夠反擊回去。

既然如此，我們到底該怎麼拒絕呢？

這種時候最有效的，就是用「自我表達」的方式拒絕。

不用在乎對方提出的論點和主張，甚至直接忽視也沒關係。

首先，調整成自身中心的心態，釐清自己的感受和需求。

從這些線索，決定自己「想做」或「不想做」這件事。我們這時候的感受，用言語表達出來是這樣的：

「雖然不敢拒絕對方，但我不想做這件事。」

當我們這樣想的時候，比起接受對方的要求，跟隨自己內心「不想答應」的感覺做出選擇實在來得安全太多了，因為這些感受都是潛意識向我們傳遞的訊號。

因此，在強烈感受到「我不想這麼做」的時候，可以理解成潛意識正在提出「警告」：

「要是你答應了這個要求，後續很有可能引發其他麻煩喔。」

因此，在運用「自身中心」心態釐清自己內心想法的時候，無論這件事本身和對方是否相關，還是請你先把對方擱置在一邊不做考慮，把判斷標準限縮於「自己的內心」。然後，請你凝視著自己的內心，捫心自問：

「我現在有什麼感受？我想怎麼做？」

對方不聽我說話又態度強硬，我該怎麼拒絕？②

假設你相信自己的判斷，決定要拒絕對方。但是該如何表達，對方才願意放棄呢？這時候，我們在第五章介紹的「自身感受的言語化＋意志」的公式就可以派上用場了。

首先，釐清自己的感受，盡可能把這些感受轉化成語言，然後用自己的意志做出決定。

與其為了對方反覆思量，不如把自己內心的感覺放在第一位。這麼一來，自然就能用下列的方式把感受表達出來：

「一旦接受了這次的要求，讓我覺得負擔太大，到時候我一定會想跟你保持距離。」

「催促別人對我來說是件很痛苦的事情，這會讓我心裡否定的情緒越

來越強烈。」

「我很不喜歡催人還錢，所以不想因為借錢給別人而引發糾紛。」

「答應這個要求之後一定會讓我非常苦惱，所以恕我不能答應。」

「可能是我想得太誇張了，但我內心對於這麼做非常排斥，我不想做出讓自己後悔的事情。」

「老實說，拒絕讓我感到非常害怕。可是要是我輸給恐懼，聽從你的要求，一定連我自己都會瞧不起自己吧。所以我不能答應。」

「你可以說我是膽小鬼也沒關係，無論如何我都會按照自己的意願做出選擇。」

「我現在覺得拒絕也不是、答應也不是，不管選擇哪一邊都讓我很害怕。但是為了自己好，我沒有辦法答應你的要求。」

「不好意思無法幫上你的忙，但這次我想要重視自己的感受。」

「我發現平常之所以總是失敗，是因為我一直在敷衍自己。我已經不想再背叛自己的心了。」

能夠用這種方式表達自己的感受，這個行為本身就達成了自我完結的效果。換個說法，這種自我完結也就等同於把話說出來的解脫感，或者是自信心、自尊、自我信賴感。

想必也有人覺得當著對方的面很難說出口，這時候不妨改用傳郵件或訊息的方式表達，你一定可以做到的。

欠缺巧妙拒絕的技能，所以才不願意聽人說話

「不敢拒絕」和「不願意道歉」，歸根究柢也是同一件事情。

越是深陷於他人中心心態的人，就越拉不下臉道歉。對於彼此競爭的人們來說，「贏過對方」永遠是唯一的目標。

因此縱使自己有錯，這類人也沒有勇氣道歉。

一旦道歉，就等於承認自己「輸」了。在他們的觀念當中，一旦敗給對方就只有服從一途，所以即使心裡有所自覺、知道自己有錯，不想認輸的話就只能繼續堅持己見，或是想辦法轉嫁責任、推諉卸責。

那麼，為什麼他們害怕負責呢？

這是因為他人中心的心態，使得他們無法判斷具體的「責任範圍」。

跟人家道歉的時候，一旦誤判了這個「責任範圍」，難保不會被要求承擔過多的責任。由於害怕發生這種情況，他們才不敢道歉。

有人請求幫忙的時候，他人中心的人之所以冷淡拒絕對方而導致關係惡化，或是在答應幫忙之後才因為負擔太重而感到後悔、生氣，也都是因為不清楚「責任範圍」的關係。

換句話說，要成為一個敢於拒絕的人，首先要成為一個懂得道歉的人。

至於如何辦到這一點，不用說，當然是「把自身當作判斷的基準」了。

即使在工作場合有人拜託你幫忙的時候，也不要打從一開始就認定

「我非得答應不可」。

而是捫心自問：

「這項工作我能不能完成？」

例如：

「A和B部分在我能力範圍內，這兩項可以答應。D部分我沒什麼自信，還是拒絕比較好。C部分應該沒問題，希望可以確認詳情之後再決定要不要幫忙。」

像這樣把自己當成判斷標準，就能具體認清自己能夠承擔的責任範圍。

所謂的責任範圍，必須先把自己的心從「非做不可」的觀念當中解放出來，才能夠具體看清楚。

假如無法立刻做決定，也不必急於立刻給出結論。猶豫不決的時候，我們更應該重視自己為難的心情。

不妨變通一下，以靈活的方式回應：

「請給我一點時間考慮。」

「我無法立刻回答，不過會在〇號之前給你答覆。」

「責任範圍」就是「我的能力範圍」，所以不用害怕

沒有認清責任範圍的情況下，很容易以為「這樣說已經很清楚了吧，反正這是常識，對方理所當然應該知道」，抱著這樣的心態採取行動，到了發生問題的時候又因為「有沒有交代清楚」的問題而發生糾紛，責任歸屬也模糊不清。

不過，只要改以「自己做不做得到」為判斷基準，就能看見具體的責任範圍，也能預防類似問題發生。

為什麼呢？因為在答應幫忙的時候，我們只接下「自己做得到的範圍內」的事情，這個「能力範圍」也就等同於我們的責任範圍。釐清了能力範

圍之後，提案時就能夠給出明確的承諾，例如：

「A這個月中旬可以完成，B最晚在下個月上旬可以交貨。」

拒絕自己「做不到」的事情，就能減少發生問題的風險。

如果真的非不得已要接下「能力範圍之外」的事情，也可以在問題發生之前先打預防針：

「C一定要等原料到齊才能動工，所以最早也要下個月底才能交貨。假如〇號之前沒辦法開工，交期一定得延後，如果您不能接受的話，我們可以再討論其他方法。」

能夠做到這點，也就可以避開答應對方所有請求、否則全部拒絕的「全有全無式」思考，而是用「做得到／做不到」為判斷標準來決定。

這麼一來，我們就能夠在不造成自己負擔的範圍內，**以「居中」的方式拒絕或答應**別人的請求：

「A方面我可以幫忙，不過B方面就不行了。」

「我能提供協助的範圍就到這裡為止，如果你不介意的話我可以幫忙。」

「我可以幫忙，不過只有兩個小時左右的時間OK嗎？」

「沒問題，不過要等我先把手邊的工作處理完喔。」

「我沒有辦法幫到最後，不過會在能力範圍內盡量幫忙，這樣可以嗎？」

有必要的時候，也可以果斷拒絕：

「雖然很想幫上你的忙，但恕我沒辦法這樣做。」

「我已經努力過了，只能幫忙到這裡為止。」

「假如答應這件事，我也必須要負起連帶責任，所以恕我沒辦法答應。」

「我也誠心誠意地幫你處理這件事了，再多的要求我沒辦法答應。」

想要成為不害怕負責的人，關鍵就是從一開始就只接受「能力範圍」內的工作。

你是不是也常常「全部拒絕」，要不然就「全部答應」？

遇到別人來請求幫助的情況，許多人都會在「全部答應」和「全部拒絕」這兩者當中做抉擇。

然而，拒絕或拜託別人的方式並不是只有「全有」和「全無」兩種可能，而是有著「0％到100％之間」無數的方法。

在0％和100％之間，還存在著「從1％到99％」的各種拒絕方式、接受方式，以及拜託別人的方式。

在自身中心心理學當中，我們稱之為「居中的拒絕方式」、「居中的答應方式」。

你一定也發現了，越熟練這個技巧，「拒絕方式」同時也是一種「答應方式」、「拜託方式」和「道歉方式」。

然而，沒有訓練出自身中心的心態，就沒有辦法培養出這種居中的

想法。

「這件事對我來說，到底做不做得到？」

或者是：

「我想做這件事，還是不想做這件事？」

除非把意識集中在自己身上捫心自問，否則我們無法看見這些問題的答案。除非把自己的內心當作判斷標準，否則就連「該怎麼辦」都拿不定主意。

比方說，容易陷入「全有全無思考」的人，工作上一碰到問題總是立刻開始煩惱「我該不該離職」；婚姻關係出現問題，就立刻思考「我該不該離婚」。

在情侶關係當中動不動陷入「分手還是不分」的二選一，就連在親子關係當中，也容易因為一時衝動，而脫口說出「斷絕關係」這種重話。

這些都是兩極化的極端思考。

逼迫對方或自己進行這種極端選擇，可謂是一種「要脅」。

無法和對方好好溝通。

缺乏冷靜談話的技能。

歸根究柢，由於本來就搞不清楚「問題在哪裡、發生了什麼事」，因此不知道究竟該跟對方談什麼、怎麼談。因此這時只能動用最後手段，用這種脅迫的語言逼迫對方就範。

我們本來就沒有指示、命令別人做什麼的權力

威逼利誘的話語早已天衣無縫地融入了我們的日常生活。例如親子關係當中，父母會對孩子這樣說：

「再不收好，我就把你的玩具全部拿去丟掉。」

「你不去幼稚園上學，媽媽就不讓你跟朋友玩了。」

「不念書就不給你零用錢。」
「不吃飯我就不給你吃點心。」
「你再不快點起床就不准看電視。」
「你沒有乖乖遵守時間就不准玩遊戲囉。」

這些威脅都是家常便飯，我們已經習以為常到不覺得它是一種威脅了。

上述舉例的每一句話，原本都應該用「我們去～好不好？」的句型來提議，不是該拜託的事情，更不應該下達指示或命令。

更嚴格來說，假如我們站在「雙方承認彼此的自由」這個出發點來看，即使「不收拾玩具、不去幼稚園、不念書、不吃飯」，那也是孩子自己的自由。

當然，自由伴隨著責任。

這麼說也不為過：因為這種自由和責任遭受到根本上的阻礙，所以人們才會產生「不敢表達、不敢拒絕、不敢拜託」的現象。

對話實例一看就懂！
如何承認「我的自由」與「對方的自由」

讓我們舉個例子吧。

在家裡，妻子對著人在二樓的丈夫扯開嗓門怒吼：

「你怎麼又把公事包丟在這種地方！快點給我收拾好！」

丈夫聽到太太這麼大聲嚇了一跳，趕緊衝下樓，結果不小心扭到腳踝了。

丈夫故意當著妻子的面動作誇張地揉起腳踝來，一副「都是你害的」的態度。妻子在心裡責怪自己：

「唉，我怎麼又這樣對家人大吼大叫了。」

儘管自責，妻子還是說不出「對不起」。

但她心裡是這麼想的：

「都是因為我大吼大叫，害老公扭到腳了……可是我又不想道歉。明明應該對家人更和善一點才對，可是我就是沒辦法心平氣和地跟老公說話。我這個人真是太任性了……」

在罪惡感驅使之下，她越想越自責。

丈夫則是護著疼痛的腳踝，一邊收拾公事包，一邊故意用太太聽得到的音量不高興地說：

「東西沒有馬上收好又不會怎樣。」

這是有可能發生在每個家庭的日常情景。

假如這對夫妻是彼此承認「對方的自由」的關係，妻子可以這麼想：丈夫要把自己的公事包亂丟，那也是丈夫的自由。有了這種思路為基礎，她就不會那麼急於迫使丈夫按照自己的意思去做，至少不至於大吼大叫了。

丈夫把包包丟在那邊有他自己的理由；即使是無理取鬧，那也是出於丈夫自己的意願。

這點在太太身上也一樣，妻子有妻子自己的理由。這件事一定有著讓她抓狂的原因，才導致她雖然不喜歡破口大罵，還是忍不住對丈夫怒吼。

從潛意識的觀點來看，這對夫妻現在是處於無法消除對對方的各種負面情緒，彼此把這些負面情緒發洩在對方身上的狀態。

因此無論有什麼理由，假如認同「對方的自由」，妻子面對這種情況應該要這樣拜託丈夫：

「你能不能把這個公事包收好？」

同樣地，丈夫聽到妻子大吼的時候，也下意識產生了「太太一說，我就必須馬上服從指令」的反應。假如丈夫清楚意識到「自己的自由」，就不會跟隨妻子的情緒起舞。要不要用情緒化的方式說話是「妻子的自由」，因此丈夫仍然可以以自己的情況為優先，用這種方式拒絕：

「我現在忙著〇〇，待會下去一樓的時候會把它收好！」

承認了對方的自由，妻子能做的就不是讓丈夫服從指令，而是只有「請託」對方而已。這麼一來，妻子因為丈夫的行為而氣到大吼大叫、事後又為此感到愧疚的情形也會大幅減少。

丈夫承認了自己的自由，就能理解自己「不必硬性服從太太的指令」，也會把下意識服從妻子的行為當作是自己的問題。**就是因為下意識聽從妻子的指令，所以扭到腳的時候才會想怪罪到太太身上。**

理解了這都是自己的自由，即使妻子用情緒化的方式溝通，丈夫也能夠尊重自己的意願，浮現出「等我做完手邊的事情再去收拾」的想法。心底有了這種意識，才能夠心平氣和地拒絕別人。當我們把自己的感受放在第一位，才能夠慢慢戒掉怪罪別人的習慣。

此外，在這個例子當中，妻子也因為這個事件以外的糾紛對丈夫累積了各式各樣的情緒，因此造成了她「不想跟丈夫道歉」的心情。

可是無論丈夫做了什麼，動用「怒吼」的方式試圖讓對方服從，都是一種對對方領域的「侵犯」。

事實上，就是因為擅自闖入了對方的領域，妻子才會產生憤怒、罪惡感這些負面的情緒，而為此受苦的，到頭來都是自己。

勇於選擇「道歉」，強化你的自信心

面臨這種情況，選擇坦率地說「對不起，我不應該對你大吼大叫」，反而能夠透過道歉消除自己的負面情緒。

這並不只是為了對方好。

「道歉」這種行為，永遠都是為了自己好。

假如知道自己有錯，卻一直沒有向對方道歉，這種情緒會一直積存在心裡影響你。

如果理解成「輸家才需要道歉」，那麼我們一定會覺得道歉等於是陷自己於不利的情勢當中。不過，換個角度看怎麼樣呢？

「道歉，是為了讓對方和自己之間回歸對等的關係。」

無法承認自己的過錯，不只讓人覺得自己是個失敗者，也有不少人因此感到心虛、自卑，或是產生被人掌握了弱點的感覺。

實際上我們和對方之間的權力關係沒有任何轉變，只是因為我們無法承認自己的過失，才會產生這樣的感受。

唯有道歉，才能讓自己從這些負面的感受當中解脫。

這是為了把自己的心虛和缺失一筆勾消。

發自內心誠懇地道了歉，這件事就不會在心裡留下任何芥蒂。

為了成為這樣的人，我們選擇跟對方道歉。

有了這樣的認知，道歉就不是讓對方占便宜，而是為了自己好。

事實上，懷著「這是為了自己好」的意識道歉也會讓我們下定決心：

「一定要以自己也感到豁然開朗的方式道歉。」

如此一來，肯定也能透過道歉找回自我信賴感和自信心。

尊重彼此的自由唯一的方法

綜觀本書目前為止討論的內容，雙方不願承認對方的自由、寧可侵犯自由也要逼迫對方服從自己的心態，可以說是讓我們害怕「拒絕」和「拜託」別人的元凶了。

無論是拒絕還是拜託別人的時候，我們心裡一邊想著「真不好意思麻煩對方」，其實最害怕的還是自己因此受傷。

如果雙方尊重彼此的自由，拜託別人幫忙的時候也應該聚焦在「獲得

對方的同意」這一點之上才對。

需要注意的只有這點而已。

儘管道理說起來這麼單純，實際上多數人的言行舉止，卻透露出不認可雙方的自由、拒絕徵求對方同意的訊息。

對方是否要答應這個請求，本來就是對方的自由。

因為不願承認這一點，我們才會害怕受傷、也害怕傷害對方，又出於這樣的恐懼而試圖迫使對方服從自己的要求，導致雙方更進一步互相傷害，陷入惡性循環。

當我們拜託對方幫忙，在對方同意之後，這個請求才會成立。

儘管頭腦明白這個道理，許多人在實際向人求助的時候已經預期對方會答應幫忙，心態上並不允許對方拒絕。

這樣的期待和確信程度越高，在遭到對方拒絕的時候就會越受傷，也有人因為遭到拒絕而心生怨恨，覺得對方「不可原諒」。近年來，由類似原因發展成傷害事件的案例也呈現相當驚人的增加趨勢。

向別人提出請求的時候，假如下意識懷著「不允許對方拒絕」的心態，對方也會有所察覺，因而不敢拒絕。

如上所述，拜託別人的時候必須發自內心認同「對方擁有拒絕的自由」，否則無法擺脫對於拜託與拒絕別人的恐懼感。

「這樣啊」是你的魔法咒語

拜託別人幫忙的時候，你是不是一心以為萬一遭到拒絕，自己一定會很受傷呢？

這是因為你沒有肯定自己擁有「我的自由」。當你發自內心認同自己也擁有「我自己的自由」，就能讓對話往不同的方向發展。

比方說對話的時候，只要在自己的意見開頭加上一句「這樣啊」，這

段對話就能產生截然不同的變化。

對方向你表達了各種意見，這些意見和你的想法並不相同。有些人也會把自己的看法強加在你身上，要求你「應該要如何如何」、「你怎麼不這麼做呢」，這種時候也可以用「這樣啊」來回答。

當然，這句「這樣啊」當中，也包含了另一層意義：

「原來你是這麼想的，不過我的想法和你不一樣。」

這句話的意思是「你的想法我瞭解了」，因此即使理解了對方的意見，也不會受到對方所說的話左右。

在「這樣啊」之後，你可以接著這麼說：

「這樣啊。我知道了，很謝謝你的建議，我會放在心上的。」

「這樣啊，這樣說我就明白了，我會把這些資訊當作參考的。」

「這樣啊，我知道了。（可是）我現在沒有時間，晚點方便嗎？」

「原來是這樣，謝謝你告訴我。（可是）在開車的時候突然談這個有

點危險，先等我把車子停下來再說吧。」

「這樣啊，我知道了，謝謝你把真實的意見告訴我。（可是）老實說，我的想法是這樣的……」

「（電話中）這樣啊，我知道你的意思了。（可是）等我晚點回家再好好聽你說吧。」

「原來是這麼回事，也難怪你會這樣想。（可是）那個時候，我是這麼想的……」

當我們穩住堅定不移的自我，就能像這樣接納對方所說的話。

掌握三大要點，面對攻擊態度的人也不被牽著鼻子走

承認了自己也擁有「我的自由」，我們就不容易遭到對方的言行左右。

如同前文反覆強調的，最重要的是「把自己的感受和想法當作判斷標

準」，而要做到這件事有以下三大要點：

①下定決心，盡可能跟隨自己的內心做出選擇。

②做決定的時候，用不造成自己的負擔的方式答應對方。

③拒絕或拜託別人的時候，以完整說出自己的感受為目標，不在自己心裡留下疙瘩。

掌握這三大要點，我們就不會跟著對方的情緒起舞。當對方採取情緒化、尖酸刻薄或具攻擊性的態度說話，你也可以用「這樣啊」、「是呀」接下對方所說的話，這麼一來不僅不會落入對方的圈套，說不定還能反將一軍呢。

例如：

「搞什麼，衣服怎麼還一直曬在外面。」

「對呀，一直沒有時間收。你來得正好，可以順便幫我把衣服收進來嗎？」

「把東西丟在這種地方，萬一害我跌倒怎麼辦！」

「是啊，那個我待會還要用到，你經過的時候要小心喔。」

「聽說你（把自己的工作）丟給別人做了？」

「是的，很謝謝〇〇他們這次幫了我這麼多忙，我覺得自己很幸運，能在這種大家願意一起互助合作的職場工作。」

還有，假如父母親一氣之下衝動說出「斷絕親子關係」這種話，你也可以冷靜地回答：

「斷絕關係就表示，以後萬一爸爸你們生病或受傷、發生什麼意外，

我也不能跟你們聯絡了，你們真的覺得這樣也沒關係嗎？」

你甚至可以不要屈服於他們的威脅，果斷地說：

「爸爸你或許覺得這樣也無所謂，可是我不這麼想，也沒有那個意思。」

父母親聽到你這麼說，也會在心裡悄悄鬆一口氣，受到你這番話所拯救。

為什麼對話時不要說「可是」比較好？

順帶一提，前文舉例的時候，出現「可是」這個詞都是以括號的方式插入（參見215頁）。這是一般人在對話當中會說「可是、但是、不過」的地方。

這句「可是」，堪稱是他人中心的人一不小心就會說出口的典型用

語，也有許多人把「可是」當作口頭禪。無論對方說了什麼，他們都說：

「可是我……」

「可是你……」

「可是這樣的話……」

「可是話不能這樣說……」

這樣一直「可是」來「可是」去，和對方之間的關係鐵定會惡化的。

平常說話的時候盡量不要使用這個詞比較好，在對話中重複好幾次「可是」，自己回想起來感覺也不太好吧。

這種時候只要像前文的例句一樣，在兩句話中間保留充足的「留白」，就可以不必使用「可是」了。對話的時候，實際體認到自己正在與對方溝通，拿出珍惜這段對話時間的心情，自然能夠保留這段「留白」。

這段停頓的空白時間，也可以說是讓你反芻自己說了什麼話的時間。

比方說，當你這麼回答：

「這樣啊，我知道了。（可是）我現在沒有時間，晚點方便嗎？」

這時候，前半句：

「這樣啊，我知道了……」

是表示你接受了對方所說的話，刪節號「……」的部分就是「留白」。這段空白時間，你用心感受對方剛才所說的話。

如果你想繼續說下去，只要直接說「我現在沒有時間，晚點方便嗎？」就可以了，反而不會想使用「可是」這個詞吧。

以能夠「留白」的對話為目標

之所以能夠保留這樣的「留白」，是因為發自內心認同對方的說法也屬於「對方的自由」。當然，我們已經決定：

「我也有我的想法，我會重視我自己的感受。」

當我們珍惜「我的自由」，下定決心跟隨自己的內心去做選擇，自己的決心就不會動搖，所以才能夠坦然面對對方，心平氣和地說：

「我現在沒有時間，晚點方便（讓我們好好溝通）嗎？」

這表示你想要解決問題，不想為了這件事在心裡留下疙瘩，也就是一種想讓自己的心情更加輕鬆的表現。

這種時候，即使對方要求「我希望你這樣做」，由於你已經決定在做選擇的時候不造成自己的負擔，判斷基準非常明確，猶豫不決的情況肯定也會因此減少。

此外，調整過自己的心態，你也更有餘力顧慮到對方的立場，有辦法提出「不給自己造成負擔」的方案，量力而為去幫助對方。

就像這樣，做決定的時候掌握這三大要點（參見217頁），雙方都能積極想出替代方案，找出居中的拒絕與答應方式。

如此一來，我們不會再覺得「不敢拒絕別人、也不敢拜託別人幫忙」，反而會在這個過程中源源不絕地感受到「想要幫助彼此、互助合作，想要幫上對方的忙，助對方一臂之力」的這種正向的渴望和喜悅。

國家圖書館出版品預行編目資料

拒絕吧，沒什麼好怕！：不用忍耐,也不會傷害到別人的「無敵拒絕法」！/石原加受子著；簡捷譯--初版.--臺北市：平安文化, 2022.5 面；公分. --（平安叢書；第718種）（UPWARD；129）
譯自：「また断れなかった…」がなくなる本
ISBN 978-986-5596-82-8（平裝）

1.CST：人際關係 2.CST：溝通技巧 3.CST:：生活指導

177.3　　111005404

平安叢書第0718種
UPWARD 129

拒絕吧，沒什麼好怕！

不用忍耐，也不會傷害到別人的「無敵拒絕法」！

「また断れなかった…」がなくなる本

作　　者—石原加受子
譯　　者—簡捷
發 行 人—平雲
出版發行—平安文化有限公司
台北市敦化北路 120 巷 50 號
電話◎ 02-27168888
郵撥帳號◎ 18420815 號
皇冠出版社（香港）有限公司
香港銅鑼灣道 180 號百樂商業中心
19 字樓 1903 室
電話◎ 2529-1778　傳真◎ 2527-0904
總 編 輯—許婷婷
執行主編—平靜
責任編輯—黃馨毅
美術設計—嚴昱琳
行銷企劃—許瑄文
著作完成日期— 2020 年
初版一刷日期— 2022 年 5 月

讀者服務傳真專線◎ 02-27150507
電腦編號◎ 425129
ISBN ◎ 978-986-5596-82-8
Printed in Taiwan
本書定價◎新台幣 300 元 / 港幣 100 元